SCALE

D1561622

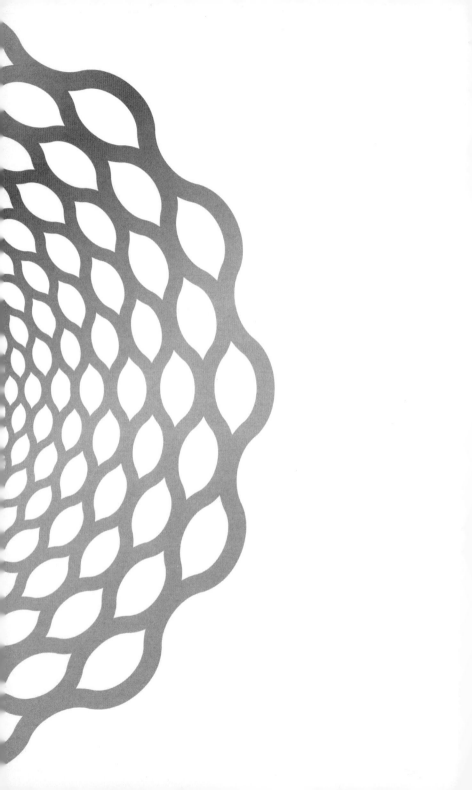

TÉCNICAS DE
SANACIÓN
ENERGÉTICA

GUÍA PRÁCTICA

Título original: The Little Book of Energy Healing Techniques
Traducido del inglés por Francesc Prims Terradas
Diseño de portada: Editorial Sirio, S.A.
Maquetación de interior: Toñi F. Castellón

© de la edición original
2019 Callisto Media, Inc.

Publicado por primera vez en inglés por Althea Press, un sello editorial de Callisto Media Inc

Ilustraciones: © 2019 Conor Buckley, págs. 26, 41, 42, 43, 44, 45, 69, 111, 114, 121, 123 y 127; las demas ilustraciones interiores © Shutterstock.
Fotografías: © Shutterstock, págs. 73, 75, 80, 81, 82 y 83; © iStock, pág. 80 (turmalina negra); © Lucia Loisa, pág. 82 (cuarzo rosa).
Foto de la autora: Courtesy © Tristan David Luciotti

© de la presente edición
EDITORIAL SIRIO, S.A.
C/ Rosa de los Vientos, 64
Pol. Ind. El Viso
29006-Málaga
España

www.editorialsirio.com / sirio@editorialsirio.com

I.S.B.N.: 978-84-18531-47-7
Depósito Legal: MA-1095-2021

Impreso en Imagraf Impresores, S. A.
c/ Nabucco, 14 D - Pol. Alameda
29006 - Málaga

Impreso en España

Puedes seguirnos en Facebook, Twitter, YouTube e Instagram.

 El papel utilizado para la impresión de este libro está **libre de cloro** elemental (ECF) y su procedencia está certificado por una entidad independiente, no gubernamental, que promueve la sostenibilidad de los bosques.

Karen Frazier

autora de **Cristales, guía práctica**

TÉCNICAS DE SANACIÓN ENERGÉTICA

G U Í A   P R Á C T I C A

Sencillas prácticas para sanar
el cuerpo, la mente y el espíritu

Editorial
SIRIO

Para Kristen y Kasci

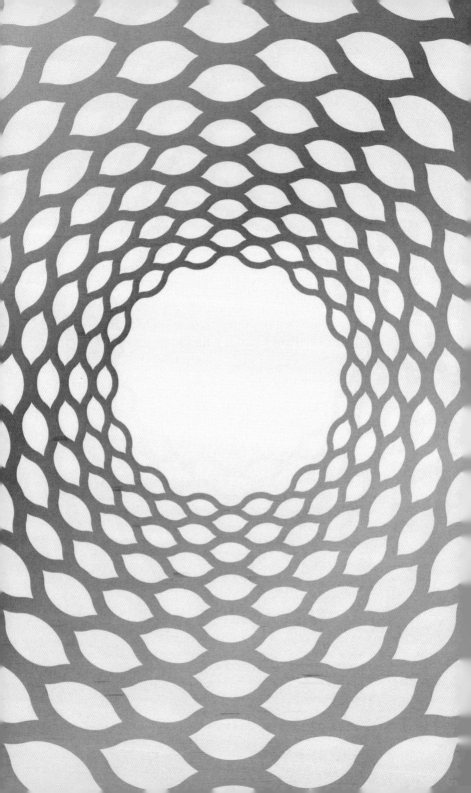

ÍNDICE

El viaje de la sanación energética.................................... 12

    Qué encontrarás en este libro 15

    Lo que *no* debes esperar encontrar en este libro 16

1 Introducción a la sanación energética.................... 19

    ¿Qué debemos entender por *sanación*? 20

    ¿Qué es la sanación energética? 21

    Aplicaciones de la sanación energética 23

    La vibración 25

    Cuando la energía está desequilibrada o bloqueada...... 29

    El cuerpo energético 32

    Próximos pasos... 52

2 Herramientas de sanación energética.................... 55

    La mentalidad sanadora... 56

    La intención, la herramienta maestra 58

    La meditación... 58

    La sanación con las manos 64

    La sanación por medio del sonido 71

    Cristales.. 78

    Aromaterapia 85

3 Rutinas diarias de sanación energética.................. 93

    Antes de empezar... 95

    Después del ritual 100

4 La sanación de problemas específicos con el trabajo energético 107

Consideraciones previas 108

Abandono, miedo al 109

Alegría y ánimo positivo 111

Amor a uno mismo 113

Amor y relaciones 116

Ansiedad y preocupación 118

Apegos y rendición 120

Compasión 123

Confianza 125

Crecimiento espiritual 127

Dolor agudo 130

Dolor crónico 132

Duelo 138

Equilibrar la energía 142

Gratitud 145

Malos hábitos 148

Paz interior 150

Perdón 152

Prosperidad y abundancia 156

Salud 158

Trastornos autoinmunes 161

Guía rápida de herramientas de sanación energética para los chakras 169

Chakra raíz 169

Chakra sacro 171

Chakra del plexo solar 173

Chakra del corazón 175

Chakra de la garganta 177

Chakra del tercer ojo.. 179

Chakra de la corona 181

Recursos.. 183

Aplicaciones (*apps*) 183

Documentales... 184

Libros.. 184

Sitios web 187

Referencias 189

Índice temático... 193

Agradecimientos 199

Sobre la autora.. 201

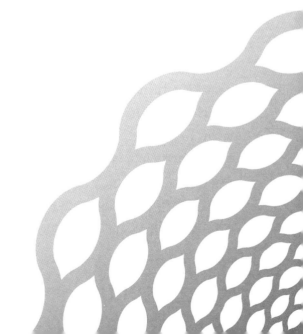

EL VIAJE DE LA SANACIÓN ENERGÉTICA

La sanación energética tiene un papel importante en mi vida. Llevo más de una década publicando en blogs y escribiendo sobre esta materia, y no solo enseño sobre ella, sino que también es una práctica que *vivo* todos los días.

Aunque solo hace unos diez años que me dedico a compartir la sanación energética con otras personas, mi propio recorrido en este campo comenzó en 1991, cuando empecé a trabajar para un quiropráctico. Estaba en el final de la veintena y ya tenía un gran interés en las técnicas de sanación alternativas y naturales, porque la medicina occidental convencional no podía ayudarme a superar mis problemas de salud crónicos. En el contexto de mi nuevo empleo aprendí una forma diferente de ver la salud: desde la perspectiva del equilibrio del cuerpo, la mente y el espíritu. Esta experiencia cambió mis ideas en cuanto a lo que es la salud y la forma de alcanzarla y conservarla. Los casi diez años que pasé trabajando en ese lugar me proporcionaron el conocimiento de base que usé como trampolín para convertirme en sanadora energética.

Hay un dicho en quiropráctica, atribuido a su fundador, B. J. Palmer, que es: «El poder que hizo el cuerpo sana el cuerpo». La primera vez que oí esta idea, resonó profundamente en mí, y la tuve muy presente cuando comencé a adoptar un nuevo enfoque sanador en una afección aguda que no quería desaparecer.

Llevaba semanas padeciendo un dolor de garganta importante, frente al cual no habían podido hacer nada la medicina convencional, la homeopatía, la naturopatía y los ajustes quiroprácticos. Desesperada, acudí a un médico y sanador energético que trabajaba con varias modalidades en el ámbito de este tipo de sanación. No había oído hablar de ninguna de ellas ni estaba convencida de que fuesen eficaces, pero decidí correr el riesgo. En mi visita, el médico usó cristales y sus propias manos. Sentí una ráfaga física y emocional cuando algo se liberó dentro de mí, y el dolor de garganta desapareció al instante. Me sentí fantásticamente bien. Fue entonces cuando realmente comprendí el poder de la sanación energética, así que comencé a formarme en serio en este ámbito.

Empecé con los cristales y los aceites esenciales, aprendiendo cómo podía usarlos para producir cambios en mi cuerpo, mente y espíritu. A partir de ahí, me adentré en la filosofía oriental, la meditación, las afirmaciones, las visualizaciones y el *reiki*. Luego, mi interés se disparó. Me he pasado los últimos veinte años aprendiendo todo lo que he podido sobre varias formas de sanación energética. Me he formado como maestra de *reiki*, he dominado y practicado otras modalidades de sanación energética y me he licenciado en Ciencias Metafísicas, especialidad en la que también he obtenido los títulos de maestra y doctora. En los últimos años, también he incorporado un viejo amor (la música) en mis prácticas de sanación energética. Estoy aprendiendo acerca de la energía del sonido con un maestro que practica la sanación con sonidos tibetanos y estoy cursando un doctorado en Divinidad* en el campo de la sanación espiritual que pone el acento en cómo la vibración es afectada por el sonido.

Este es mi sexto libro sobre sanación energética. Imparto clases sobre ella y ofrezco meditaciones de inmersión en sonidos sanadores en todo el noroeste del Pacífico porque me apasiona empoderar a los demás mediante técnicas vibratorias para que consigan sanar. Practico *reiki*, la sanación con cristales, la sanación por medio del sonido y otras modalidades de sanación energética con clientes, amigos, familiares, animales y, quizá lo más importante, conmigo misma.

Tu cuerpo, mente y espíritu tienen una inteligencia innata. Hay una fuerza creativa —llámala Dios, lo Divino, la Inteligencia Universal, la Fuente de Energía o de alguna otra manera que concuerde con tu sistema de creencias— que te creó y no deja de operar inteligentemente dentro de ti. La sanación energética te reconecta con esta inteligencia y ayuda al poder que hizo tu cuerpo a sanarlo. Incluso el empleo de técnicas sencillas durante unos minutos al día algunas veces a la semana puede encaminarte hacia el bienestar emocional, espiritual, mental y físico.

---

* N. de. T.: El doctorado en Divinidad es uno de los cursos de especialización que ofrece la University of Metaphysics con sede en Sedona, Arizona –Estados Unidos– a personas interesadas en investigar o escribir sobre un determinado asunto de carácter metafísico o relativo a una religión en particular. Hay diversas especialidades dentro del doctorado en Divinidad; una de ellas es la Sanación Espiritual.

Qué encontrarás en este libro

Este libro proporciona técnicas de sanación vibratoria prácticas y simples destinadas a equilibrar la energía de tu cuerpo, mente y espíritu. Las siguientes son algunas de las prácticas y técnicas específicas que aprenderás:

- Mentalidad sanadora.
- Intención.
- Meditación.
- Sanación utilizando las manos.
- Sanación por medio del sonido.
- Cristales.
- Aromaterapia.

Puedes usar cualquiera de estas técnicas para comenzar a generar cambios energéticos que le permitan a tu inteligencia innata equilibrar tu energía para iniciar la sanación. Si estableces prácticas diarias que incorporen estas herramientas, tu energía podrá empezar a cambiar en diversas áreas de tu vida.

Este libro es un paso en tu viaje hacia la autosanación; te alentará a buscar una nueva comprensión respecto a la sanación y acerca de cómo puedes empezar a cambiar tu vida.

Lo que *no* debes esperar encontrar en este libro

Este libro no garantiza que nunca más volverás a experimentar perturbaciones* en los ámbitos del cuerpo, la mente y el espíritu. Tampoco pretende lograr que todo en tu vida pase a ser perfecto por arte de magia. La sanación energética es un proceso que ayuda a crear un equilibrio energético, pero no necesariamente ofrece una cura instantánea. De hecho, los desequilibrios vibratorios que se manifiestan como algún tipo de perturbación suelen estar ahí para ayudarnos a descubrir algo importante. A veces, este proceso de aprendizaje requiere más de una sola sesión o técnica de sanación para que desaparezcan los síntomas generados por la perturbación.

Asimismo, este libro no te capacitará para trabajar con clientes. No pretende ser una obra que recopile exhaustivamente técnicas de sanación energética; tampoco puede sustituir la formación con un profesional cualificado destinada a preparar a la persona para ejercer profesionalmente este tipo de sanación. Y no es mi intención que sea el único libro sobre sanación energética que compres. En él no encontrarás las siguientes técnicas, que son avanzadas:

---

* N. del T.: *Perturbación* o *perturbaciones* es, en esta obra, una traducción algo libre del original inglés *dis-ease*, término sin traducción posible al castellano que literalmente viene a significar 'ausencia de tranquilidad', 'ausencia de comodidad' o 'ausencia de alivio'. En inglés se juega con las palabras, pues basta con quitar el guion y unir los dos componentes para obtener la palabra *disease* ('enfermedad', 'afección').

- *Reiki*.
- Acupuntura/ acupresión.
- Medicina tradicional china.
- Homeopatía.
- Hipnoterapia.
- Ayurveda.

De todos modos, si cuentas con la formación pertinente en estas u otras modalidades de sanación y crees que pueden resultarte útiles, puedes emplearlas en lugar de otras técnicas, como el tacto. Con las técnicas que aquí se recomiendan, confía siempre en tu instinto para personalizar tu experiencia con la sanación energética.

1

Introducción a la sanación energética

La sanación energética ha sido una fuerza poderosa en mi vida, y he visto que también ha obrado maravillas en otras personas. Algunas han experimentado una serie de pequeños cambios que las han llevado a gozar de un mayor bienestar general; otras han experimentado cambios significativos, como la desaparición de síntomas o una mejoría en su estado de salud general. Algunas incluso se han curado de determinadas dolencias o afecciones. He descubierto que la sanación energética funciona de manera diferente para cada uno; provoca cambios en el cuerpo, la mente, el espíritu y la conciencia que favorecen el mayor bien para todos los involucrados.

¿Qué debemos entender por *sanación*?

Sanación significa distintas cosas para diferentes personas. Para algunas, puede significar el fin de los síntomas. Para otras, la remisión o el fin de la perturbación, es decir, de los desequilibrios energéticos que afectan al cuerpo, la mente o el espíritu. La sanación puede expresarse de estas maneras, entre otras posibles:

- Desaparición o ausencia de los síntomas.
- Remisión o ausencia de una enfermedad física.
- Lograr una salud física, emocional, espiritual o mental óptima.
- Equilibrio del cuerpo, la mente y el espíritu.
- Eliminación de bloqueos que causaban algún desequilibrio.

En otras palabras: tu definición de *sanación* es probablemente diferente de la de cualquier otra persona, porque la idea que tienes del bienestar personal es exclusivamente tuya. Del mismo modo, tu manera de entender la sanación puede cambiar a lo largo de tu vida. Para nuestros propósitos, definiré este término de una manera muy inclusiva: *sanación* es la generación de cambios que provocan resultados positivos en pro del mayor bienestar.

¿Qué es la sanación energética?

Sanación energética es una denominación amplia que hace referencia a técnicas y prácticas que modifican la vibración energética para facilitar el equilibrio. Cada una de estas técnicas afecta a la energía de la fuerza vital, a veces llamada prana o *chi*, eliminando bloqueos y equilibrando la vibración excesiva para dar lugar a un flujo energético equilibrado que no se encuentre con obstrucciones. Usamos la sanación energética para acabar con las perturbaciones corrigiendo los desequilibrios existentes en nuestra energía física (la de los ámbitos del cuerpo y la mente) o etérica[*] (la de los ámbitos de las emociones y el espíritu).

Hace miles de años que se practica la sanación energética. Aquí tienes algunos ejemplos:

- En China, las creencias sobre la sanación energética y las prácticas en este campo se remontan a más de seis mil años atrás e incluyen el concepto de *chi*, el equilibrio energético entre los cinco elementos (metal, madera, fuego, agua y tierra), la idea de meridianos o canales energéticos utilizada en el campo de la acupuntura, y el equilibrio entre el yin y el yang.
- El ayurveda, que es el sistema tradicional de medicina hindú, y sus conceptos relativos a equilibrar los

---

[*] N. del T.: Usamos el término *etérico*, formalmente no reconocido en castellano, en lugar de etéreo, debido a su amplio uso para designar un aspecto sutil de la realidad, invisible, energético e inherente a la constitución de los organismos.

tres *doshas* (*pitta*, *kapha* y *vata*) y los cinco elementos (éter, aire, fuego, agua y tierra) también surgieron hace más de seis mil años, en la India.

- El yoga, con su enfoque en el movimiento consciente del prana, tuvo su origen en la India alrededor del año 3000 a. C.
- Algunos creen que los milagros atribuidos a Jesús hace más de dos mil años se debieron a que empleó una modalidad de sanación energética; Jesús afirmó que otros podrían llevar a cabo el mismo trabajo de sanación (Evangelio de Juan, 14: 12).

Todas estas antiguas artes continúan practicándose hoy en día y han surgido otras nuevas, que cuentan con tradiciones similares y sus propias filosofías y técnicas orientadoras.

Lamentablemente, muchos descartan la sanación energética porque difiere de la práctica de la medicina occidental, que se centra en el ámbito físico: trata el cuerpo y la mente (lo físico) pero no trata el yo etérico (los ámbitos emocional y espiritual). La medicina occidental diagnostica y trata concibiendo a la persona como una serie de componentes biológicos que funcionan mal. Cuando el individuo experimenta síntomas, lo somete a un tratamiento físico o le receta medicamentos. En este modelo, la persona hace muy poco por sí misma para curarse.

Por el contrario, la sanación energética contempla al individuo como un sistema energético interdependiente que comprende lo físico (cuerpo y mente) y lo etérico (emociones y espíritu). En este tipo de sanación se busca equilibrar la energía física y la etérica para que el individuo pueda alcanzar un estado vibratorio más elevado, expresado como una mejor salud general.

Cuando se produce una perturbación, el sanador energético busca corregir los desequilibrios. En este proceso, la misma persona afectada tiene un papel esencial. El sanador facilita o canaliza la energía curativa, pero en última instancia depende del individuo participar o no de manera significativa en las prácticas de equilibrio energético. Por este motivo, cuando trabajo con alguien en mis prácticas de sanación energética prefiero llamarlo *compañero de sanación*. Tu papel en tu sanación es mucho más importante que el mío. Si no tienes la voluntad de participar en el proceso, es poco probable que mejores.

Aplicaciones de la sanación energética

El impacto de la sanación energética puede extenderse más allá de la persona que la recibe. Como explicaré más adelante en este capítulo, cuando dos objetos que vibran a distintas frecuencias están cerca, se mueven hacia un punto vibratorio medio, en el que entran en fase y pasan a vibrar con una nueva frecuencia. En otras palabras: tu frecuencia vibratoria tiene el potencial de incrementar o reducir la frecuencia de otros seres vivos, de objetos y lugares cuando estás cerca de ellos, porque su energía y la tuya se modificarán para encontrarse en algún punto intermedio.

Teniendo en cuenta esto, la sanación energética tiene también estas aplicaciones potenciales:

- Cambiar la propia vida o las propias circunstancias.
- Empoderar a otras personas para que cambien su vida o sus circunstancias.
- Inducir cambios vibratorios en los espacios donde uno vive, trabaja y disfruta de su ocio.
- Afectar positivamente a la vibración y facilitar la sanación después de un desastre natural o un acontecimiento trágico.
- Ayudar a cambiar la vibración del planeta para que se produzcan efectos sanadores en los ámbitos familiar, social o mundial.
- Ayudar a incrementar la vibración del universo en favor de su evolución.

Dicho de otra manera: eres muy importante. Tu energía afecta a la energía del todo, y al elevar tu vibración puedes facilitar el crecimiento y el cambio no solo para tus propios propósitos, sino también por el bien del universo en su conjunto.

CÓMO SE ENFOCA LA SANACIÓN ENERGÉTICA EN ESTE LIBRO

Para nuestros propósitos, cuando en esta obra hablo de *sanación energética* me estoy refiriendo a cualquier actividad que uno lleve a cabo que cambie su frecuencia vibratoria. Como mencioné anteriormente, sanar no significa necesariamente deshacerse de la enfermedad; consiste en efectuar cambios vibratorios en los propios sistemas energéticos para generar equilibrio y armonía, eliminar bloqueos, apaciguar la energía hiperactiva y estimular la vibración hipoactiva. Uso los términos *vibración* y *energía* indistintamente; toda energía es vibración, y cada parte de ti, física o etérica, está formada por hebras de energía oscilantes (imagina el movimiento de un péndulo). Por lo tanto, cuando cambias y equilibras la vibración, produces un cambio que ayuda a todo tu ser a experimentar más armonía y equilibrio. Estos cambios siempre favorecen tu máximo bienestar.

A medida que avancemos presentaré varias modalidades de sanación que pueden ayudar a generar este equilibrio energético, desde técnicas manuales como el *tapping* o el toque simple hasta el uso del sonido como herramienta vibratoria o el empleo de otros elementos que tengan una alta vibración, como aceites esenciales y cristales. Del mismo modo, actividades como las afirmaciones, la meditación y la visualización son herramientas sanadoras que cambian el estado vibratorio de la persona ayudándola a superar los pensamientos persistentes surgidos de la programación y de las creencias no reconocidas que impiden la sanación.

La vibración

La vibración es el movimiento de la energía. Todo en el universo consiste en energía que vibra a distintas frecuencias (velocidades), y esto incluye la forma en que la energía de la fuerza vital oscila en diferentes partes del cuerpo etérico y el cuerpo físico. En el ámbito del sonido, la frecuencia de la vibración determina el tono que oímos; en el ámbito de la visión, la frecuencia de la vibración es el color que percibimos que tiene un determinado objeto.

Cuando la energía de una persona no está equilibrada, la parte de su cuerpo físico o etérico en la que tiene lugar el desequilibrio no vibra con una frecuencia óptima. Varias técnicas de sanación energética ayudan a modificar la vibración para que sea acorde con la frecuencia deseada a través del arrastre (página 28) con el fin de generar una armonía o un equilibrio que se manifiesta como salud.

CÓMO SENTIR LA VIBRACIÓN

Aquí tienes un ejercicio simple que puedes hacer para comenzar a percibir la vibración:

1. Frótate las manos vigorosamente durante un lapso de treinta segundos a un minuto.

2. Con las manos ligeramente ahuecadas y una palma frente a la

otra, aléjalas lentamente, notando una especie de hormigueo entre ellas. Esto es la vibración.

3. Sigue separando las manos, hasta que el hormigueo disminuya o cese. Luego, vuelve a acercar las manos poco a poco, sintiendo en qué punto vuelves a notar la vibración y cuándo dejas de percibirla.

También puedes sentir la vibración a través del sonido. Cierra los ojos y emite un zumbido durante unos treinta segundos. Mientras lo haces, observa cómo y dónde sientes la vibración en tu cuerpo.

MEDICINA COMPLEMENTARIA, NO ALTERNATIVA

La sanación energética no es una alternativa a la atención médica adecuada; tampoco funciona en contraposición con esta. Ahora bien, nos permite ser parte activa en nuestra propia sanación. Por ejemplo, si tienes una herida que requiere que te pongan puntos, busca primero el tratamiento médico pertinente. Si se te revienta el apéndice, necesitas que te operen. Luego, una vez que estés en el camino hacia la recuperación, acude a la sanación energética como cuidado complementario para ayudar a tu cuerpo, mente y espíritu a sanar.

No dejes el tratamiento médico mientras enfocas tus esfuerzos en descubrir las causas vibratorias. Por ejemplo, yo sigo tomando fármacos para la tiroiditis de Hashimoto porque los análisis de sangre muestran que necesito tomarlos. Esta situación puede cambiar si continúo trabajando en la sanación de los problemas vibratorios que subyacen a la afección, pero, por ahora, seguir con el tratamiento médico es lo mejor que puedo hacer por el bien de mi salud. De todos modos, con la sanación vibratoria he notado que muchos de los síntomas que solían molestarme, incluso mientras tomaba medicamentos, se han mitigado o han desaparecido.

Estudios médicos convencionales están comenzando a mostrar que las modalidades complementarias de sanación pueden contribuir al bienestar del paciente. Estos son solo algunos ejemplos: un estudio publicado en el *Journal of Affective Disorders* muestra que la acupuntura fue eficaz para tratar la depresión y, como se informó en *HealthCMI*, hay estudios que muestran que la acupuntura, en particular, puede ayudar a reducir la depresión después de un accidente cerebrovascular. Estudios publicados en *Translational Neurodegeneration* revelan que la acupuntura y la medicina tradicional china son eficaces para ayudar a mitigar los problemas de memoria de los pacientes con alzhéimer.

EL ARRASTRE

En el ámbito de la sanación energética, cuando usamos un objeto como un cuenco vibratorio, un aceite esencial o un cristal, estamos usando el arrastre para alinear nuestra vibración con la del objeto. El científico holandés Christiaan Huygens descubrió el arrastre en el siglo XVII cuando colgó dos relojes de péndulo uno cerca del otro que se movían a frecuencias distintas. Al cabo de poco tiempo, los péndulos comenzaron a balancearse al unísono. Este experimento es repetible.

La sanación energética funciona por medio del arrastre. Cuando colocamos un objeto que vibra en una frecuencia cerca de un objeto que vibra en otra frecuencia, entran en fase: uno pasa a vibrar más alto y el otro más bajo. Es por este motivo por lo que en este libro trabajarás con objetos y pensamientos de alta vibración: al hacerlo, tu energía se encontrará con la energía del pensamiento o del objeto en el punto medio.

Cuando la energía está desequilibrada o bloqueada

La energía puede volverse hiperactiva o hipoactiva, o bloquearse completamente, por muchas razones, como pueden ser una enfermedad, una lesión, pensamientos negativos, proyecciones subconscientes, creencias no reconocidas, problemas o traumas infantiles, errores de interpretación, problemas de relaciones, traumas de vidas pasadas, toxicidad química, una mala nutrición, falta de movimiento, dolor emocional, confusión espiritual y muchos otros problemas. De hecho, prácticamente cualquier experiencia negativa que afecte al cuerpo físico o etérico puede hacer que la energía se desequilibre o incluso se bloquee. Cuanto más tiempo pase sin que se corrija o elimine lo que está causando el desequilibrio, más desequilibradas estarán las energías de la persona.

Las filosofías orientales enseñan que la energía debe equilibrarse entre los polos opuestos, como el yin y el yang, la oscuridad y la luz, o lo femenino y lo masculino, así como entre las cinco energías elementales: tierra, metal, madera, agua y aire. En algunas filosofías, como el ayurveda, es posible que estos elementos reciban nombres un poco diferentes, como fuego, agua, tierra, aire y éter. Lo óptimo es que todo, incluido tu cuerpo físico y el etérico, contenga en equilibrio tanto las energías opuestas como las elementales. Cuando estas energías están desequilibradas, el resultado es una perturbación.

SÍNTOMAS

Como mencioné, *perturbación* no es sinónimo de *enfermedad* o *afección*. La perturbación es un estado de desequilibrio que hace que la guía superior de la persona (que yo llamo el *sistema de guía divino*) envíe síntomas para indicar que hay algo que no está equilibrado.

Los síntomas pueden ser físicos, emocionales, mentales, circunstanciales o espirituales. Inicialmente, suelen ser algo simple y relativamente poco importante, como un dolor de cabeza leve, un sueño perturbador o una vaga sensación de malestar o tristeza. Sin embargo, a medida que el desequilibrio se agudiza, los síntomas van adquiriendo mayor entidad. Cuando un desequilibrio no se ha abordado durante un largo período y se torna grave, el sistema de guía divino puede enviar síntomas extremos, que yo llamo el *garrotazo universal* (el universo te golpea en la cabeza con un garrote para que prestes atención). Algunos ejemplos de estos síntomas son un ataque cardíaco, la pérdida del empleo, una depresión grave o una «noche oscura del alma». Por lo general, cuanto más graves son los síntomas, más grave es el desequilibrio y más urgente es corregirlo.

En la sociedad occidental, a menudo reaccionamos frente a los síntomas ignorándolos o haciendo algo (como tomar medicamentos) para eliminarlos o reprimirlos. Sin embargo, los síntomas son como el detector de humo del sistema de guía divino. Tratar los síntomas sin intentar encontrar la causa es como quitarle las pilas al detector de humo para evitar que emita su pitido, en lugar de tratar de descubrir y resolver la causa del humo. Al final, todo el edificio arderá hasta los cimientos.

Cuanto más tiempo ignoremos o reprimamos los síntomas, más arraigará el desequilibrio y más costará resolverlo. De todos modos, ningún síntoma es tan grave como para hacernos perder la capacidad de reequilibrar nuestra energía y de comenzar a sanar nuestro cuerpo, mente y espíritu.

A menudo creemos que sabemos cuál es la causa de un síntoma debido al lugar o la forma en que se manifiesta. Pero a veces esta relación no es evidente. Si un dolor en un pie es debido a un bloqueo del nervio ciático, tratar el pie no tendrá sentido, porque el desequilibrio se encuentra en otra parte del organismo. Una vez que empezamos a saber de qué manera el cuerpo, la mente y el espíritu trabajan juntos a través del cuerpo energético y sus diversas partes, podemos comenzar a rastrear los síntomas hasta el desequilibrio que los ocasiona.

Recuerda esto: no somos una serie de partes dispares, sino que existimos de manera integral, como cuerpo, mente y espíritu.

El cuerpo energético

Eres pura energía. Parte de esta energía se manifiesta como tu cuerpo físico y parte se manifiesta como tu cuerpo espiritual o etérico. Los seres manifestados físicamente (que es lo que somos cuando habitamos un cuerpo humano) cuentan con unos sistemas de energía específicos que conectan lo físico con lo etérico. Es posible generar equilibrio y armonía en estos sistemas para alcanzar la sanación. Y si bien no necesitas ser un erudito del cuerpo energético para iniciar el proceso de tu propia sanación energética, te resultará útil familiarizarte con los conceptos básicos relativos a estos sistemas. Te mostraré cuándo y cómo trabajar con cada sistema en las rutinas diarias del capítulo tres y te presentaré los remedios específicos para cada problema en el capítulo cuatro.

LOS CHAKRAS

Me encanta trabajar con los chakras porque son uno de los sistemas energéticos más fáciles de identificar y visualizar. Los chakras son ruedas de energía giratorias que están situadas aproximadamente a lo largo de la columna vertebral y conectan el cuerpo físico con el etérico. Cada uno de los chakras tiene una frecuencia vibratoria diferente que corresponde a distintos colores y tonos (sonidos). Del mismo modo, los chakras se corresponden con diferentes aspectos físicos del cuerpo (con las áreas ubicadas más o menos cerca del chakra en cuestión, o por arriba o por debajo del chakra), y los desequilibrios en ciertos

CHAKRAS

- ● CHAKRA DE LA CORONA
- ● CHAKRA DEL TERCER OJO
- ● CHAKRA DE LA GARGANTA
- ● CHAKRA DEL CORAZÓN
- ● CHAKRA DEL PLEXO SOLAR
- ● CHAKRA SACRO
- ● CHAKRA RAÍZ

chakras pueden dar lugar a perturbaciones físicas, mentales, emocionales, espirituales o situacionales.

La palabra *chakra* proviene del sánscrito *cakra*, que significa 'rueda'. Los chakras se describieron por primera vez en los Vedas, antiguas escrituras hindúes redactadas en sánscrito que datan de alguna época situada entre el año 1500 a. C. y el 500 a. C. Hay otras tradiciones que también contemplan la existencia de centros de energía similares, como el misticismo judío (la cábala) y el budismo.

Los chakras tienden a sufrir desequilibrios a causa de una energía demasiado activa, de una energía insuficientemente activa o de bloqueos energéticos. Cuando la energía no fluye libre de obstáculos, de manera equilibrada, el resultado son perturbaciones en las áreas físicas y etéricas que se corresponden con los chakras.

Las diversas herramientas de sanación energética que se analizan en el siguiente capítulo pueden ayudar a reequilibrar la energía para que fluya libremente a través de los chakras, con el resultado de que la fuerza vital queda restaurada y las perturbaciones desaparecen del cuerpo físico y el etérico. Hacia el final del libro se incluye una guía de herramientas de sanación energética que funcionan bien con cada chakra (consulta la página 169), para que puedas usarla para efectuar consultas rápidas con el fin de reequilibrarte.

CHAKRA RAÍZ

El chakra raíz es el primer chakra; también recibe el nombre de chakra base o *muladhara*. Está ubicado en la base de la columna vertebral. Vibra en el color rojo y está asociado, desde el punto de vista físico, con las extremidades inferiores y la base de la columna vertebral.

Los problemas físicos asociados con el chakra raíz incluyen dolencias en las piernas y los pies, ciática, dolores lumbares, perturbaciones en el sistema inmunitario y hemorroides. Los problemas emocionales y espirituales derivados del desequilibrio del chakra raíz pueden incluir problemas de identidad, de seguridad y de protección; incapacidad para defenderse; depresión y miedo al abandono.

CHAKRA SACRO

El chakra sacro es el segundo chakra; también es denominado chakra del bazo o *svadisthana*. Vibra en el color naranja y se encuentra unos centímetros por debajo del ombligo.

Los inconvenientes físicos asociados con el chakra sacro incluyen problemas con los órganos sexuales, los intestinos y la región pélvica. Las dificultades emocionales y espirituales asociadas con este chakra incluyen la incapacidad de conformar ideas creativas, temas relacionados con la sexualidad, dificultades con la prosperidad y problemas de control y poder personal.

CHAKRA DEL PLEXO SOLAR

El tercer chakra, el del plexo solar, también es denominado chakra del ombligo o *manipura*. Se encuentra unos centímetros por debajo de la pequeña extensión ósea que hay justo debajo de la caja torácica (el apéndice xifoides), en el área del plexo solar. Vibra en el color amarillo, y también el color dorado es asociado con este chakra.

Desde el punto de vista físico, el chakra del plexo solar afecta al estómago, el hígado, el bazo, los riñones y la vesícula biliar, así como la zona lumbar. Los problemas físicos derivados del desequilibrio de este chakra pueden incluir diabetes, fatiga suprarrenal, cálculos renales, úlceras y reflujo gástrico, mientras que los problemas emocionales y espirituales pueden incluir agotamiento, baja autoestima, narcisismo y egoísmo, otros problemas de personalidad, fobia social y trastornos alimentarios.

CHAKRA DEL CORAZÓN

El cuarto chakra es el del corazón. También recibe el nombre de *anahata*. En este chakra, la energía de la persona pasa de ser densa y principalmente física a ser etérica y emocional. Está ubicado en el centro del pecho y vibra en el color verde; también el color rosa es asociado con este chakra.

Las áreas físicas con las que está relacionado son el corazón, los pulmones, el sistema circulatorio y la región torácica superior. Los problemas físicos surgidos del desequilibrio en este chakra pueden incluir enfermedades pulmonares, cardíacas y vasculares, así como problemas circulatorios y en los senos. Los problemas emocionales y espirituales incluyen la incapacidad de perdonar y de trascender la aflicción, la ira, la amargura y la soledad.

CHAKRA DE LA GARGANTA

El quinto chakra es el de la garganta. También es conocido como *vishuddha*. Se encuentra justo encima de la glándula tiroides, en el centro de la garganta, y vibra en el color azul.

Desde el punto de vista físico, este chakra afecta a la garganta, el torso superior, la boca, el esófago, las encías, los dientes y los oídos. Los problemas físicos asociados con el desequilibrio en el chakra de la garganta incluyen problemas de tiroides, enfermedades de las encías, problemas dentales y trastornos de la articulación temporomandibular (ATM). Los problemas mentales, emocionales y espirituales pueden incluir el juicio y la crítica, la incapacidad de decir la verdad, una expresión personal deficiente, la falta dc disposición a entregar la voluntad personal a la voluntad divina y la dificultad para tomar decisiones.

CHAKRA DEL TERCER OJO

El chakra del tercer ojo es el sexto; también se lo conoce como chakra pineal o *ajna*. Está ubicado en el centro de la frente y vibra en el color índigo o violeta.

Los desequilibrios en el chakra del tercer ojo pueden manifestarse físicamente como dolores de cabeza, problemas en los senos nasales o en los ojos, o falta de sueño. Los problemas mentales y emocionales pueden incluir falta de pensamiento crítico, poca capacidad de razonamiento, una mentalidad cerrada o poca inteligencia emocional.

CHAKRA DE LA CORONA

El chakra de la corona, también llamado *sahasrara*, es el séptimo. Está ubicado en la parte superior de la cabeza y vibra en el color blanco (también en el color violeta).

Los desequilibrios en el chakra de la corona pueden causar inconvenientes físicos como problemas de salud sistémicos, problemas óseos, trastornos de la piel y diversos desequilibrios mentales. Los problemas emocionales y espirituales pueden incluir un escaso sentido de la ética, falta de confianza y falta de fe en algo más grande que uno mismo.

EL AURA

La palabra *aura* significa 'brisa' o 'soplo'. Hace referencia al campo de energía que rodea a los seres humanos (y a otros seres y objetos) y emana de ellos. Según el *Dictionary of Gnosis and Western Esotericism* [Diccionario de gnosis y esoterismo occidental], la idea del aura surgió durante la era espiritualista de finales del siglo XIX en el seno de la Sociedad Teosófica, que propuso que hay unas bandas de energía que rodean a los seres vivos en capas de colores brillantes que se corresponden aproximadamente con los colores de los chakras. Los colores del aura pueden ser diferentes en dos días consecutivos o incluso en dos minutos consecutivos, ya que reflejan el estado de bienestar o malestar físico, emocional, mental y espiritual que tiene el individuo a cada momento. Algunas personas con capacidades psíquicas pueden ver el aura y sus colores, y en las fotografías del aura se utilizan la retroalimentación biodinámica y luces LED para obtener una visión aproximada de los colores que rodean al sujeto.

No trabajaremos mucho con el aura en este libro, aunque puedo ofrecerte una técnica energética rápida para que hagas un barrido de tu aura si te sientes alterado. Pídele a alguien que, estando tú sentado o de pie, coloque sus manos a la altura de tu coronilla, unos centímetros por encima de la superficie de tu piel. Pídele que, desde ese punto, pase las manos sobre ti manteniendo la distancia, hasta llegar a tus pies. Debe efectuar el barrido por todos los lados de tu cuerpo, arrojar cualquier energía que haya quedado en sus dedos a la tierra y tocar el suelo al acabar, con el fin de que tanto tú como él os conectéis a tierra y separéis vuestras respectivas energías.

LAS ENERGÍAS ELEMENTALES

Toda la materia consta de varios tipos de energías elementales. Hay cinco energías elementales que deben estar en equilibrio dentro de los organismos o los espacios para generar armonía, equilibrio y bienestar. La terapia de polaridad, una práctica manual del ámbito del bienestar destinada a equilibrar las energías, se centra en los cuatro elementos clásicos (tierra, agua, aire y fuego) propuestos en la antigua Grecia, junto con un quinto elemento, el éter, que fue añadido más tarde por Aristóteles. Estos cinco elementos se corresponden aproximadamente con los cinco elementos (madera, fuego, tierra, metal y agua) que contempla el taoísmo, una filosofía china.

Como ocurre con los chakras, cada elemento está asociado con ciertas características físicas, espirituales y emocionales. Las energías elementales fluyen a través de canales existentes en el cuerpo desde los dedos de los pies y las manos hasta la parte superior de la cabeza, como ilustran las figuras que se incluyen a continuación.

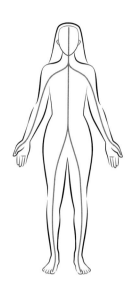

ÉTER

Significado: espacio.

Chakra asociado: el de la garganta.

Dedos de las manos y los pies: pulgares, dedos gordos de los pies.

Órgano asociado: oídos.

Características: espiritualidad y ligereza. El éter es el más sutil de los elementos y está presente en los otros cuatro.

Ubicación: desde el centro de la cabeza hacia abajo por la línea media del cuerpo, conectando con los pulgares, la línea media y los dedos gordos de los pies.

Demasiado éter: individuo sin conexión a tierra, voluble, frívolo, ausente o insustancial, inactivo y esperando a que una fuerza externa impulse el movimiento y el crecimiento.

Éter insuficiente: el individuo puede carecer de espacio para crecer o cambiar; puede estar atrapado en sus formas de hacer; puede tener una energía muy pesada y lenta.

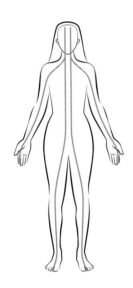

AIRE

Significado: vivacidad, ligereza y movimiento.

Chakra asociado: el del corazón.

Dedos de las manos y los pies: dedos índices, segundo dedo de los pies.

Órgano asociado: corazón.

Características: movimiento, ligereza, fluidez, capacidad de cambiar rápidamente.

Ubicación: se desplaza en dos canales por el cuerpo unos centímetros a cada lado de la línea media, a través de las cejas, a lo largo de la curva exterior de los labios, junto a la barbilla, hacia abajo a lo largo de ambos lados del ombligo, y hasta recorrer los dedos índices y el segundo dedo de los pies.

Demasiado aire: el individuo puede carecer de límites y seguir a otras personas adonde quieran llevarlo; puede perder artículos con frecuencia u olvidar lo que está diciendo mientras habla; también puede ser propenso al nerviosismo, a la ansiedad o a las obsesiones y compulsiones.

Aire insuficiente: el individuo puede ser inflexible, demasiado crítico o estancado en sus formas de hacer; puede sentirse pesado o apático; puede sentirse triste o desprovisto de humor.

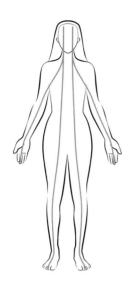

FUEGO

Significado: brillante, ardiente, apasionado y vívido.

Chakra asociado: el del plexo solar.

Dedos de las manos y los pies: dedos medios.

Órganos asociados: órganos digestivos.

Características: caliente, biliar, apasionado, activo, de movimiento rápido, brillante, esforzado.

Ubicación: unos centímetros al lado de los canales de aire por la parte exterior de estos, bajando por las mejillas, a través de los pezones, a lo largo de la caja torácica y hacia abajo hasta recorrer el dedo medio de cada mano y de cada pie.

Demasiado fuego: el individuo puede experimentar inquietud, insomnio, fiebre, compulsión sexual, estrés, falta de preocupación por los límites de los demás y el síndrome del trabajador quemado.

Fuego insuficiente: el individuo puede experimentar tristeza y falta de pasión o empuje.

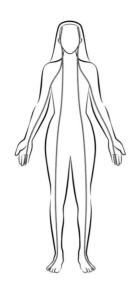

AGUA

Significado: emociones.

Chakra asociado: el sacro.

Dedos de las manos y los pies: dedos anulares, cuarto dedo de los pies.

Órgano asociado: genitales.

Características: receptiva pero activa; fluye fácilmente, pasando alrededor de los obstáculos o desplazándolos a un lado.

Ubicación: unos centímetros al lado de los canales de fuego por la parte exterior de estos, desplazándose hacia abajo a lo largo de los lados de la cabeza, las orejas y la parte exterior del pecho, y fluyendo hacia abajo hasta recorrer los dedos anulares y el cuarto dedo de los pies.

Demasiada agua: el individuo puede ser demasiado emocional o demasiado flexible; sus estados de ánimo y emociones pueden verse fácilmente afectados por las personas que están a su alrededor; su personalidad y deseos pueden no estar totalmente conformados.

Agua insuficiente: el individuo puede ser inflexible y frío desde el punto de vista emocional; puede ser que no esté en contacto con sus necesidades emocionales y espirituales.

TIERRA

Significado: energía estable y arraigada.

Chakra asociado: el raíz.

Dedos de las manos y los pies: meñiques y dedo pequeño de los pies.

Órganos asociados: colon y recto.

Características: es el elemento más pesado; difícil de mover, conectado a tierra; a menudo se mueve lentamente y con pereza; nutre y equilibra.

Ubicación: se desplaza hacia abajo a través de los hombros, a unos centímetros del límite del cuerpo a ambos lados, y hacia abajo hasta recorrer los meñiques y el dedo pequeño de los pies.

Demasiada tierra: el individuo puede ser de movimientos lentos, terco y obstinado; puede ser extremadamente resistente al cambio o lento a la hora de cambiar; es posible que se mueva con lentitud y que sea lento al pensar, al hablar y al actuar; tal vez vea el mundo en blanco y negro.

Tierra insuficiente: el individuo puede estar poco conectado a tierra y poco centrado; a menudo puede dar la impresión de que se va a alejar flotando; puede ser que piense o hable tan rápido que sea incapaz de seguir el ritmo de sus propios pensamientos y palabras.

POLOS

La energía también está equilibrada entre dos polos opuestos, que también son complementarios. En la filosofía taoísta, que se originó en la antigua China alrededor del año 500 a. C., estos dos polos se conocen como yin y yang. Uno no puede existir sin el otro. Debe darse un equilibrio entre estas energías para que haya armonía y tranquilidad.

YIN

El yin representa la Tierra y la Luna. Es la energía oscura, que es de naturaleza femenina. El yin gobierna la materia. Representa el potencial creativo, la contracción y el letargo. Está enfocado hacia dentro y es receptivo, silencioso, profundo y quieto. La energía yin se encuentra en el interior del cuerpo (órganos, vasos sanguíneos, músculos) y gobierna los fluidos corporales y la sangre.

YANG

El yang representa el Sol y los cielos. Es luminoso, brillante y masculino. El yang gobierna la energía. Es activo, agresivo, vital, enfocado hacia el exterior y expansivo. El yang representa la ambición. Gobierna los ciclos de crecimiento y expansión, así como la parte exterior del cuerpo y la energía vital de este.

MERIDIANOS

La acupuntura, la acupresión y la medicina tradicional china trabajan con la energía o *chi*, que fluye por unos canales conocidos como *meridianos*. Los meridianos llegan a todo el cuerpo, como los nervios. Sin embargo, los meridianos son canales energéticos que conectan lo físico con lo etérico, mientras que los nervios son estrictamente físicos. Cuando el *chi* está obstruido, se generan perturbaciones. La acupuntura, la acupresión, el *tapping* y varias otras técnicas buscan eliminar los bloqueos de los meridianos para que el flujo de *chi* recupere su estado de equilibrio óptimo.

Los meridianos principales conforman doce rutas; unas son yin y otras son yang. El yin y el yang son energías que constituyen polos opuestos pero necesitan estar equilibradas para dar lugar a un bienestar óptimo. Hay seis meridianos yin y seis meridianos yang. Cada uno corresponde a varios aspectos y cualidades. Consulta las figuras siguientes para ver cómo se corresponde cada uno de los meridianos con el cuerpo físico.

Los meridianos yin son los siguientes:

Del pulmón (*taiyin* de la mano): aceptación, comunicación, aflicción, justicia, liberación, receptividad.

Del bazo (*taiyin* del pie): prosperidad, integridad, autoestima, el subconsciente, ansiedad, capacidad de recibir, purificación, limpieza.

MERIDIANOS YIN

- ● PULMÓN (*TAIYIN* DE LA MANO)
- ● BAZO (*TAIYIN* DEL PIE)
- ● CORAZÓN (*SHAOYIN* DE LA MANO)
- ● RIÑÓN (*SHAOYIN* DEL PIE)
- ● PERICARDIO (*JUEYIN* DE LA MANO)
- ● HÍGADO (*JUEYIN* DEL PIE)

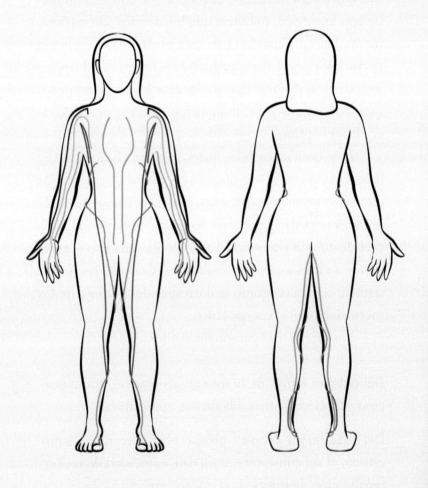

MERIDIANOS YANG

- INTESTINO GRUESO (*YANGMING* DE LA MANO)
- ESTÓMAGO (*YANGMING* DEL PIE)
- INTESTINO DELGADO (*TAIYANG* DE LA MANO)
- VEJIGA (*TAIYANG* DEL PIE)
- TRIPLE CALENTADOR (*SHAOYANG* DE LA MANO)
- VESÍCULA BILIAR (*SHAOYANG* DEL PIE)

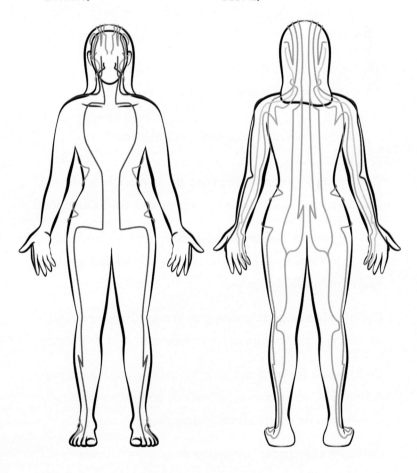

Del corazón (*shaoyin* de la mano): amor, aceptación, armonía y equilibrio, paz, perdón, tristeza, alegría.

Del riñón (*shaoyin* del pie): valentía, pertenencia, empuje, paranoia, claridad, sabiduría, precaución, vitalidad, autovaloración.

Del pericardio (*jueyin* de la mano): amor propio, autoprotección, apertura, vulnerabilidad, expresión personal.

Del hígado (*jueyin* del pie): benevolencia, bondad, fe, destino, esperanza, ira, resentimiento, visión, fuerza.

Los meridianos yang son los siguientes:

Del intestino grueso (*yangming* de la mano): confusión, aflicción, control, terquedad, arrepentimiento, compulsión.

Del estómago (*yangming* del pie): crítica, credulidad, fuerza, conexión a tierra, intolerancia, rechazo, problemas alimentarios, nutrición (física y espiritual).

Del intestino delgado (*taiyang* de la mano): discernimiento, confianza, conocimiento, autodestrucción, intelecto.

De la vejiga (*taiyang* del pie): ira, rabia, sospecha, amargura, celos, entusiasmo, intimidad, hedonismo, sexualidad, fuerza de voluntad, resentimiento.

Del triple calentador (*shaoyang* de la mano): la respuesta de lucha-huida-parálisis, límites, culpa, amistad, coordinación.

De la vesícula biliar (*shaoyang* del pie): asertividad, liberación, ira, movimiento, motivación, flexibilidad.

No trabajo mucho con los meridianos, pero tienen un papel importante en los sistemas energéticos de la persona. Las principales herramientas que he incluido para trabajar con ellos son el *tapping* y el tacto, que pueden ayudar a eliminar bloqueos o algún desequilibrio que esté provocando la aparición de una perturbación, para que la energía pueda volver a fluir libremente.

CÓMO SANAR

A continuación te presento algunas prácticas básicas que te ayudarán a desarrollar una mayor claridad y a vivir de forma más consciente:

Identifica tus problemas. El primer paso consiste en identificar la perturbación. Intenta saber cuál es el origen del desequilibrio basándote en lo que has aprendido en este capítulo.

Practica la honestidad contigo mismo sin juzgarte. Al examinar tus problemas, sé honesto contigo mismo, lo cual es difícil de hacer sin caer en el autojuicio. Pero trata de dar un paso atrás; observa cómo te sientes, cómo te afectan cuestiones del pasado y cómo tus comportamientos pueden influir en estas cuestiones.

Evalúa si estás listo para soltar. Pregúntate si estás listo para soltar el problema que has identificado o si aún te es útil de alguna manera. Si sientes que el problema todavía te es útil, examina cómo y por qué. ¿Es esta elección lo que más te conviene, o te está frenando?

Establece la intención de sanar. Como la intención lo es todo, la intención de sanar es el paso más potente. Formúlala en silencio, en voz alta, por escrito, en el contexto de una meditación o de la forma que consideres más apropiada.

Utiliza tus herramientas. En los próximos capítulos encontrarás herramientas para sanar los desequilibrios energéticos. Para el bienestar general, utiliza las rutinas diarias que se exponen en el capítulo tres. Para una sanación específica, usa las herramientas incluidas en el capítulo dos y los remedios que se presentan en el capítulo cuatro.

No dejes el trabajo emocional y espiritual. Mantener el equilibrio es un proceso continuo que requiere compromiso; por lo tanto, prosigue con tu trabajo emocional y espiritual todo el tiempo que necesites.

Expresa gratitud. Incluso si tu problema sigue presente, expresa gratitud por el proceso de sanación. Agradécele sus advertencias a tu sistema de guía divino y date las gracias a ti mismo por hacer el trabajo.

Celebra el cuidado personal. La sanación requiere concentración, honestidad, autocompasión y dedicación. Celebra el amor que sientes por ti mismo y ofrece gratitud a cada uno de tus aspectos (cuerpo, mente y espíritu) por embarcarse en el proceso de la autosanación profunda.

Próximos pasos

Este libro te ofrece una introducción a la sanación energética, pero su propósito principal en los siguientes capítulos es ofrecerte herramientas prácticas que puedas utilizar para equilibrar la energía, resolver perturbaciones y comenzar a sanar. También te proporciona rutinas y procesos específicos que puedes adaptar a tus propias necesidades. Utiliza las herramientas que resuenen contigo; si te sientes incómodo con cualquiera de las que sugiero, no dudes en adaptarla de alguna manera que te haga sentir bien.

En el próximo capítulo encontrarás un conjunto de herramientas básicas de sanación energética que podrás usar en tus prácticas. Ofrezco unas rutinas diarias, pero tu intuición también juega un papel aquí. Si te sientes atraído por una herramienta específica para una situación determinada, pruébala. Tu sistema de guía divino está aquí para ayudarte en los inicios de tu viaje de sanación.

Contar con una rutina diaria forjará en ti la mentalidad favorable a la sanación. Este libro proporciona dos rutinas diarias que se pueden llevar a cabo como práctica habitual. Una se realiza en cinco minutos y la otra en quince. Elige una u otra según lo cómodo que te sientas con cada una y del tiempo del que dispongas. Puedes optar por ejecutar una de estas rutinas una o dos veces al día, o puedes ir directamente a los remedios de sanación energética del capítulo cuatro y trabajar con técnicas específicas para abordar los problemas que hayas identificado.

También puedes incorporar cualquiera de las herramientas que se ofrecen en el siguiente capítulo o cualquiera de los remedios incluidos en el capítulo cuatro en tu rutina diaria, o puedes usar estas herramientas o remedios en un momento diferente del día, en función de cómo te sientas y de la cantidad de tiempo que tengas. Yo realizo mi práctica diaria a primera hora de la mañana y justo antes de acostarme, y dedico entre quince y treinta minutos a cada una. Si solo dispones de cinco minutos al día, elige una sola herramienta, un solo remedio o la rutina de cinco minutos. Al fin y al cabo, no importa por dónde empieces; lo que importa es tu genuina intención de sanar.

2

Herramientas de sanación energética

A estas alturas, es posible que te hayas dado cuenta de que no tienes por qué ser un sanador energético para facilitar la sanación por medios vibratorios en tu propia vida. Puedes utilizar una serie de herramientas sencillas para comenzar a generar cambios energéticos en tu vida que equilibrarán tu energía física y etérica con el fin de inducir cambios en tu cuerpo, mente y espíritu para tu mayor bien. Si empleas con intención y constancia las siete herramientas principales que se describen en este capítulo, ello podrá ayudarte a comenzar a eliminar bloqueos y a generar equilibrio y armonía en variados aspectos de ti mismo y de tu vida.

La mentalidad sanadora

Tu mente juega un papel muy importante en la sanación a través del equilibrio energético. Para tener las máximas posibilidades de facilitar la sanación, deberás tener estas cualidades:

Enfoque. Es esencial que mantengas el enfoque en tu objetivo de sanar.

Emociones positivas. Las emociones positivas tienen una vibración más alta que las negativas, por lo que cultivar a propósito cualidades como la gratitud, la alegría y la paz puede ayudar a generar un cambio energético positivo.

Disciplina. Para convertir en un hábito tu trabajo con las herramientas y las prácticas de sanación, debes tener la disciplina de trabajar con ellas a diario durante unas diez semanas. El hecho de emplear habitualmente tus herramientas incrementa exponencialmente tus posibilidades de sanar.

Flexibilidad. Durante el proceso de sanación, a menudo descubrirás emociones y creencias causantes de bloqueos energéticos que hace décadas que están ahí. Para sanar verdaderamente, necesitas ser flexible para profundizar en estas emociones y creencias a medida que surgen y sanarlas. Solo después deberás retomar tu objetivo original.

Mantener una mentalidad sanadora puede ayudarte a evitar volver a caer en la negatividad, los hábitos improductivos y el pensamiento rígido, que podrían retrasar o desbaratar el proceso de sanación.

LA CULPA FRENTE A LA RESPONSABILIDAD

Cuando imparto clases de sanación energética, siempre hay alguien que hace esta pregunta, más o menos: «¿Estás diciendo que soy el culpable de mi enfermedad?». No me gustan las palabras *culpable* y *culpa*; tienen implícito un juicio y conllevan que estamos creando conscientemente la enfermedad porque no somos lo bastante fuertes o porque nuestro carácter contiene algún aspecto defectuoso. Pero esto no es así.

Sí creo que cada uno somos responsables de todo lo que ocurre en nuestra vida, pero esto no significa que tengamos la culpa de ello. Cada uno de nosotros hacemos lo mejor que podemos en cualquier momento dado con las herramientas que tenemos a nuestra disposición. En el caso de los desequilibrios energéticos, a menudo no somos conscientes de que están ahí. Pero el hecho de que no los creemos conscientemente no significa que no seamos responsables de ellos.

Todo lo que ocurre, ya sea una enfermedad, la pérdida de un ser querido o cualquier otro suceso, es una oportunidad. Tenemos la responsabilidad de descubrir cuál es esa oportunidad y cómo podemos aprovecharla. Por lo tanto, cuando aparezca una circunstancia que requiera sanación, dicha circunstancia constituye una oportunidad para ti, y tienes la responsabilidad de descubrir cuál es esa oportunidad y de averiguar cómo crecer y cambiar a partir de ahí. Reconocer la responsabilidad personal es el primer paso para sanar cualquier desequilibrio que esta haya causado.

La intención, la herramienta maestra

Tu mente y tus emociones, pensamientos, actos y creencias ejercen una gran influencia en tu salud física y etérica. La intención de sanar y la creencia de que la sanación es posible son las principales razones por las que los placebos (sustancias inertes, como las pastillas de azúcar) son tan efectivos en los ensayos clínicos. Un metaanálisis mostró que los pacientes responden positivamente a los placebos el treinta y cinco por ciento de las veces aproximadamente. Creer en una pastilla de azúcar es lo suficientemente significativo como para provocar un cambio, así que ¡imagina el poder que puedes desplegar cuando aplicas tu intención a sanar!

Creo que toda sanación es una autosanación, y que toda autosanación empieza con la intención de cambiar. La intención es energía dirigida. Es más que un objetivo; es un principio impulsor que constituye la base de la sanación energética. Tu intención es tu placebo, si bien es incluso más fuerte que una pastilla de azúcar. Tu intención dirige tu enfoque y tu energía para facilitar el equilibrio del cuerpo, la mente y el espíritu.

La meditación

La meditación es una excelente manera de enfocar la intención y entrar en un estado positivo y apacible. Para nuestros propósitos, la meditación es cualquier actividad que realizamos con el fin de calmar y enfocar la mente. Implica estar presente y dejar que se vayan los pensamientos que van surgiendo —en particular las creencias negativas o autolimitantes– sin forzar que ocurra esto.

La meditación también es una herramienta esencial para la sanación energética, porque construye la mentalidad sanadora necesaria para sanar. Desde mi punto de vista, la meditación es una especie de botón de reinicio que borra la programación negativa y permite establecer la intención. La meditación nos permite «flotar» hacia los ámbitos etéricos en los que se produce la sanación energética, y nos brinda la oportunidad de visualizar cuál será nuestra experiencia y cómo nos sentiremos cuando nos hayamos librado del problema que estamos tratando de resolver.

La meditación te da las herramientas que necesitas no solo para creer que puedes sanar, sino también para permitirte experimentar y practicar la sensación de sanar para que puedas llevarla a tu vida diaria. Después de cada meditación, utilizarás técnicas de conexión a tierra para anclar la experiencia en tu cuerpo y en el planeta con el fin de manifestar tu intención sanadora en el ámbito físico.

LOS MANTRAS EN EL CONTEXTO DE LA MEDITACIÓN

Muchas personas usan mantras en el contexto de su práctica meditativa. Los mantras tradicionales son de origen hindú y budista, y originalmente eran una sola palabra o frase en sánscrito, como *om* (el sonido del universo) u *om mani padme hum* (que significa 'la joya en el loto'). Ayudaban a mantener la mente enfocada durante la práctica y evitaban la injerencia de otros pensamientos.

A lo largo de los años, los mantras han evolucionado para incluir más posibilidades además de las frases espirituales. Puedes crear cualquier mantra que desees utilizar durante una práctica meditativa. Puede ser una palabra, como *salud* o *bienestar*, o puede ser una frase, oración, afirmación o la declaración de una intención, como «estoy curado», «estoy sano» o «doy gracias por tener una salud física, mental, emocional y espiritual óptima».

Utiliza tu mantra durante la meditación; repítelo en voz alta o en tu mente una y otra vez. A medida que surjan los pensamientos, permíteles que se desvanezcan y vuelve a concentrarte en el mantra.

TIPOS DE MEDITACIÓN

A muchas personas les intimida la sola idea de meditar, pues creen que esta práctica implica estar sentado inmóvil en la postura de loto (con las piernas cruzadas y los pies sobre los muslos) durante largos períodos con la mente completamente vacía mientras se canta un mantra. Tiempo atrás, cuando yo misma creía que esta era la única modalidad de meditación, tenía la impresión de que era un tipo de tortura.

Aunque sentarse con las piernas cruzadas y salmodiar funciona para muchas personas, esta técnica no es para todo el mundo. Si la meditación te parece una tortura, es poco probable que la practiques. Afortunadamente, existen otras formas de meditar, y puedes adoptar una postura que te resulte cómoda. Estas son algunas posibilidades:

Meditación utilizando un mantra: esta modalidad consiste en repetir un mantra como he explicado anteriormente. Elige un mantra y utilízalo como punto de enfoque; vuelve a situar la atención en el mantra, suavemente, cada vez que te des cuenta de que han aparecido pensamientos. Esta técnica funciona bien para abordar problemas de salud específicos o generales.

Visualización: en la meditación centrada en la visualización, la persona crea una «película» en su cabeza acerca de cómo será su vida una vez que haya logrado manifestar su intención. En el contexto de esta práctica meditativa, visualiza en detalle cómo es tu vida, partiendo de la base de que ya has alcanzado la sanación. ¿A qué te dedicas? ¿Qué piensas? ¿Cómo te sientes en los ámbitos físico y emocional? Haz que esta película sea lo más real posible. Este tipo de meditación es ideal para ayudar a materializar las metas e intenciones.

Visualización guiada: en la visualización guiada, uno va imaginando lo que le indica un texto o una grabación. Esta técnica funciona especialmente bien para eliminar bloqueos energéticos y equilibrar energías.

Afirmaciones: en las meditaciones basadas en afirmaciones, la persona tiene una lista de afirmaciones, escritas como declaraciones positivas, sobre los objetivos que persigue (por ejemplo, «mi cuerpo funciona exactamente como debería», o «duermo profundamente, cómodamente y en paz, y me despierto renovado cada mañana»). Las afirmaciones se repiten en voz alta o escribiéndolas, o la persona las lee a lo largo de su meditación. Las afirmaciones son buenas para ayudar a alcanzar objetivos que tienen que ver con la sanación.

Meditación con sonido: en este tipo de meditación, nos enfocamos en un sonido —puede ser que lo emitamos vocalmente, que lo generemos golpeando un instrumento o que lo escuchemos a través de auriculares—. Las meditaciones con sonido son particularmente útiles con los problemas físicos.

Meditación en movimiento: este tipo de meditación implica prácticas de movimiento, como posturas de yoga, movimientos de danza, caminar o ejecución de *mudras* (determinadas posiciones de las manos que se mantienen un tiempo para inducir cambios energéticos; los *mudras* también son conocidos como *yoga de las manos*). Durante la meditación, la persona mantiene la mente enfocada en la práctica del movimiento y el flujo de energía generado por este. Si la mente divaga, se la vuelve a enfocar en el movimiento, con suavidad. Esta práctica es especialmente buena para equilibrar y redistribuir la energía. (Cuando se indican *mudras* en este libro, los acompaña una ilustración).

CÓMO MEDITAR

Meditar no tiene por qué ser difícil. Es un proceso simple que se supone que debe ser agradable.

DÓNDE MEDITAR

Elige un espacio tranquilo y que te haga sentir feliz, en el que sea poco probable que te molesten. Yo tengo un estudio en el piso de arriba en el que no entran los perros si así lo decido. Asegúrate de que dicho espacio esté suavemente iluminado.

LO QUE NECESITAS PARA MEDITAR

Lo que necesitas depende del tipo de meditación que harás. Instálate en un lugar en el que te puedas sentir a gusto: sobre algunos cojines en el suelo, en una silla confortable o incluso en un sofá o una cama. También necesitarás una manta ligera para mantenerte abrigado, ropa cómoda, un calzado adecuado si vas a meditar caminando, un vaso de agua cerca, un reloj con alarma y cualquier cosa que planees usar durante la meditación, como un cuenco tibetano o tu teléfono.

ANTES DE PONERTE A MEDITAR

Apaga todo lo que podría distraerte durante la meditación, como las notificaciones automáticas, especialmente si vas a reproducir música en tu ordenador, teléfono inteligente o tableta. Si es posible, deja en otro lugar los dispositivos que no vayas a utilizar. Si hay algo que debas hacer, hazlo antes de empezar a meditar, o estará en tu cabeza todo el tiempo. También es un buen plan ir al baño antes de comenzar.

PARA MEDITAR

Una vez que hayas eliminado todas las distracciones externas posibles, programa una alarma para que suene cuando tengas previsto finalizar la práctica. A continuación, ponte cómodo y cierra los ojos. Respira profundamente, inhalando por la nariz y exhalando por la boca, notando cómo el aire desciende por los pulmones y entra en el cuerpo. Si surgen pensamientos, reconócelos y a continuación suéltalos suavemente. Una vez que estés en un estado de relajación, empieza la práctica meditativa.

DESPUÉS DE LA MEDITACIÓN

Cuando hayas terminado, conecta tu energía a tierra para devolverla a tu cuerpo visualizando raíces que salen desde tu interior y se extienden profundamente en la tierra. Cuando abras los ojos, toma un sorbo de agua para conectarte más a tierra.

La sanación con las manos

Cuando los niños se hacen daño, una de las primeras cosas que hacen es agarrar la parte afectada. ¿Por qué? Incluso los niños muy pequeños saben instintivamente que las manos y el tacto humano contienen energía sanadora. Es por eso por lo que los niños se sienten mejor cuando sus mamás besan sus partes lastimadas. El contacto humano es sanador porque implica un intercambio de energía, y cuando ese contacto es intencionalmente bondadoso y amoroso, aporta energía amorosa a ambas partes. El tacto es una forma de compartir energía y mostrar reconocimiento al otro de una manera solidaria y compasiva. El tacto aplicado a uno mismo puede cumplir una función similar.

SANAR A OTROS

Como mencioné antes, toda sanación es una autosanación. Incluso como sanadora energética profesional que trabaja regularmente con otras personas, entiendo que no soy la responsable de su sanación; son ellas. No soy más que un conducto, y solo trabajo con aquellos que me piden ayuda. Nunca intento ayudar a otros individuos a sanar sin su permiso.

Los sanadores energéticos nos regimos por un código ético estricto. Incluso si tenemos la capacidad de enviar energía sanadora a distancia, nunca lo hacemos si no nos lo piden y sin permiso. Nadie tiene derecho a imponer la sanación a otra persona, aunque crea que eso la ayudará. El camino de cada individuo es suyo y no compete a nadie más juzgar si es necesario cambiarlo.

Incluso si conoces una gran cantidad de técnicas de sanación energética, es importante que recuerdes que solo tienes la capacidad de sanar a una persona: a ti mismo. No tienes la responsabilidad, ni la capacidad, de sanar a otro individuo, pero toda persona tiene la capacidad de *ayudar* a otras a sanar cuando se solicita su intervención. Si alguien te pide que lo ayudes a sanar, enséñale las técnicas que hayas aprendido y recuerda siempre que el camino de sanación de cada persona es exclusivamente suyo. Nunca debes decidir tú si alguien necesita sanar o cómo debería producirse esa sanación.

EL TOQUE SIMPLE

El toque simple no requiere instrucciones ni armonización. Es una forma de enviar energía amorosa a través del calor de las manos a la parte de uno mismo que requiere sanación. Prueba las siguientes técnicas.

TÉCNICA DEL TOQUE

Para ejecutar esta técnica, pon la mano o las manos sobre el área donde deseas recibir la energía; por ejemplo, el chakra del corazón.

Esto te permite transmitir energía desde el universo hasta tu corazón, así como tomar energía del corazón y enviarla al universo. Coloca las manos de una forma que te resulte cómoda y reconfortante. Si es posible, caliéntalas primero frotándolas para que el toque sea agradable. El toque ayuda a calmar y armonizar la energía y a dirigirla a varias partes del cuerpo.

TÉCNICA DE LA CARICIA

Esta técnica es estimulante y ayuda a despertar, fortalecer y mover o dirigir la energía. Para ejecutarla, acaricia la zona suavemente con las palmas en la dirección en la que quieras que se mueva la energía. Por ejemplo, si deseas estimular la energía del corazón y luego desplazarla hacia la garganta, puedes acariciar ligeramente el chakra del corazón en dirección ascendente, aumentando la longitud de la caricia hasta llevar la energía del corazón a la garganta. Esta técnica también es buena para despejar partes de los meridianos en que la energía está bloqueada o para equilibrar las energías elementales del cuerpo.

EL *TAPPING*

El *tapping* es el método por el cual se puede realizar la técnica de liberación emocional (EFT, por sus siglas en inglés). Desarrollada por Gary Craig e introducida en 1995, la EFT ayuda a equilibrar y desplazar la energía a lo largo de los meridianos, por lo que es útil emplearla cuando hay pensamientos y creencias que no nos sirven atascados en el cuerpo. En cada sesión de *tapping*, concéntrate en una creencia que no te convenga. Piensa en el problema y luego formula una afirmación que diga que el problema se ha ido. Por ejemplo, si tu problema es la ansiedad, la afirmación podría ser «me siento tranquilo y en paz» o «suelto la ansiedad».

Cuando emplees la EFT, utiliza los dedos índice y corazón de tu mano dominante (la que usas para escribir o lanzar una pelota) para dar al menos cinco golpecitos, con resolución, en los puntos siguientes, en el orden en que se presentan:

Lado de la mano no dominante: el lado de la mano con el que golpearías para dar un golpe de kárate (el lado donde está el dedo meñique).

Parte superior de la cabeza: el centro de la coronilla.

Cejas: la parte interior de cada ceja, donde la frente se encuentra con la nariz.

Lado de los ojos: la esquina exterior de cada ojo.

Debajo de los ojos: el hueso que está justo debajo del centro de cada ojo.

Debajo de la nariz: el espacio que hay entre la nariz y el labio.

Debajo del labio: la hendidura que hay sobre la barbilla y debajo del labio inferior.

Clavícula: el punto en el que la clavícula se encuentra con el esternón a cada lado.

Debajo de los brazos: justo debajo de las dos axilas.

Mientras golpeas el lado de la mano al empezar, di en voz alta: «Aunque tenga _____ [especifica el problema], me acepto profunda y completamente». A continuación empieza con la secuencia de *tapping*,

PUNTOS ENERGÉTICOS

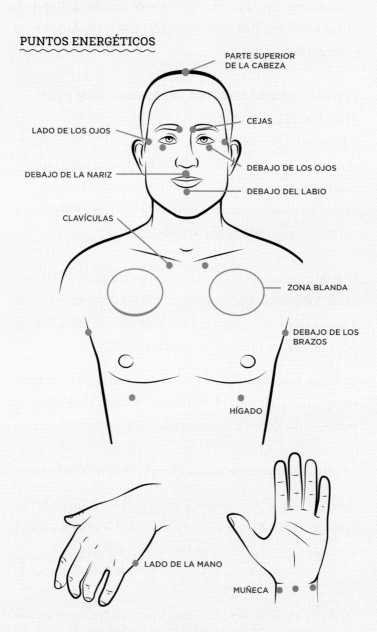

PARTE SUPERIOR
DE LA CABEZA

CEJAS

LADO DE LOS OJOS

DEBAJO DE LOS OJOS

DEBAJO DE LA NARIZ

DEBAJO DEL LABIO

CLAVÍCULAS

ZONA BLANDA

DEBAJO DE LOS
BRAZOS

HÍGADO

LADO DE LA MANO

MUÑECA

comenzando por la parte superior de la cabeza. Repite la afirmación una y otra vez mientras das los golpecitos en cada punto.

OTRAS MODALIDADES DE SANACIÓN POR MEDIO DEL TACTO

Varias modalidades de sanación por medio del tacto requieren formarse en ellas o sintonización. Si ya has aprendido estas modalidades y estás en sintonía con ellas, no dudes en usarlas para la autosanación como remedios y rutinas en lugar del toque simple.

El reiki es una técnica de sanación por medio de las manos y a distancia que requiere formación y sintonización a través de un maestro o profesor de *reiki*, ya sea de forma presencial o en una sesión a distancia.

El toque cuántico (Quantum-Touch®) implica canalizar energía de la Tierra y el universo y enviarla a través de las manos o los dedos a un compañero de sanación[*] o a uno mismo. Para ser practicante de Quantum-Touch es necesario asistir a varios seminarios en línea o presenciales.

El toque sanador (Healing Touch) se desarrolló en la década de 1980. Para ser practicante de Healing Touch es necesario asistir a una serie de clases y talleres.

---

[*] N. del T.: Como explicaba la autora en el capítulo uno, denomina *compañeros de sanación* a aquellos con los que trabaja que requieren sanación, a causa del papel proactivo que debe tener la persona en el proceso de sanar.

La terapia de polaridad es una práctica para el bienestar en la que se utilizan las manos para equilibrar y armonizar la energía entre los polos positivos y negativos, y también para equilibrar las energías elementales (tierra, aire, fuego, agua y éter). Requiere múltiples cursos de formación y obtener un título.

La acupuntura y la acupresión se centran en equilibrar la energía que circula por los meridianos y eliminar los bloqueos. Estas disciplinas requieren formación y la obtención de un título.

En **la reflexología** se actúa en puntos en las manos y los pies para liberar energía. Requiere formación y la obtención de un título.

La sanación por medio del sonido

Si dudas de que el sonido tenga un efecto en la vibración de todo lo que lo rodea, escucha música en vivo. Date cuenta de que la sientes en el cuerpo. La música tiene la capacidad de cambiar tu estado de ánimo, afectar a tu actitud y más cosas. ¿Alguna vez te has sentido profundamente conmovido por una pieza de música clásica, pongamos por caso? Es probable que estuvieras reaccionando a la intención vibratoria del sonido.

La naturaleza vibratoria del sonido está demostrada por la práctica de algunos médicos de usar un diapasón para diagnosticar fracturas óseas. Dan un golpe al diapasón para que vibre y lo colocan en el lugar en el que sospechan que se encuentra la fractura. La vibración del sonido procedente del diapasón hace que aumente el dolor en la zona fracturada.

Puedes incorporar el sonido a tus prácticas de sanación energética de múltiples formas. Algunas de ellas, como el uso de mantras y el canto, solo requieren tu voz. Otras necesitan que te descargues una aplicación gratuita o económica en tu teléfono inteligente o tableta. Otra opción es hacer sonar un cuenco de cristal o bronce durante las prácticas de sanación.

LOS MANTRAS *BIJA*

Los mantras *bija* son sílabas únicas que puedes salmodiar para estimular y activar tus chakras. Cada chakra tiene asociado su propio mantra *bija*. Puedes realizar esta práctica en un contexto meditativo: recita cada uno de los mantras uno tras otro o enfócate en un solo chakra cada vez y entona el mantra *bija* correspondiente a ese chakra repetidamente.

Chakra raíz: *lam*, pronunciado extendido (laaaaaaaaaammmmmmmmmmm).

Chakra sacro: *vam*, pronunciado extendido (vaaaaaaaammmmmmmm).

Chakra del plexo solar: *ram*, pronunciado extendido (raaaaaaaaammmmmmm).

Chakra del corazón: *yam*, pronunciado extendido (yaaaa-aaaammmmmm).

Chakra de la garganta: *ham*, pronunciado con la h aspirada y extendido (haaaaaaaammmmmm).

Chakra del tercer ojo: *aum* u *om*, pronunciado om extendido (ooooooommmmmmm).

Chakra de la corona: silencio.

VOCALES

Si no quieres tener que recordar los mantras *bija* o te preocupa pronunciarlos mal, también puedes salmodiar los sonidos de las vocales asociados con cada chakra para activar y equilibrar tus chakras (consulta la página 74). Emite los sonidos de manera similar a la descrita en el apartado anterior.

CUENCOS VIBRANTES (CANTORES)

Los cuencos vibrantes, conocidos como *cuencos cantores*, son fáciles de tocar y me gusta usarlos en meditaciones y trabajos de sanación energética. Hay dos tipos principales que puedes usar: los de metal (más conocidos como *cuencos tibetanos*) y los de cristal.

VOCALES CURATIVAS

I

Ei

Ai

A

Ou

U

A*

* N. del T.: Esta *A* debe de ser próxima a la vocal neutra del catalán. Puedes escuchar cómo suena en este enlace: https://www.youtube.com/watch?v=AHHfSiZFTtw, minuto 3.50. Desde ese punto hasta el minuto 4.21 se presentan el resto de los sonidos, y más adelante son salmodiados en grupo. Este video no ha sido indicado por la autora, pero es el más explícito que hemos encontrado para ilustrar los sonidos correspondientes a los siete chakras tal como se enseñan en lengua inglesa, que es el idioma original de este libro.

CUENCOS DE METAL (CUENCOS TIBETANOS)

Estos cuencos suelen estar hechos de latón o de bronce con alto contenido en estaño. Los cuencos de bronce son de mayor calidad que los de latón, especialmente si están hechos a mano en el Himalaya.

Los budistas tibetanos creen que estos cuencos transmiten el *dharma* (todas las enseñanzas de Buda) cuando se tocan, y emiten múltiples notas cuando se hacen sonar.[*] Trabajan con todo el sistema energético del cuerpo en lugar de hacerlo con un solo chakra.

CUENCOS DE CRISTAL

Los cuencos cantores de cristal están hechos de cristal de cuarzo triturado o una combinación de cuarzo y otros cristales. Emiten una sola nota cuando se los golpea[**] y tienden a estar sintonizados con un solo chakra. En este tipo de cuencos, las notas son las siguientes: do y do sostenido (do#) para el chakra raíz, re y re# para el chakra sacro, mi para el chakra del plexo

---

[*] N. del T.: En el original inglés, «cuando les das un golpe o los tocas», en referencia a dos posibilidades: sencillamente, dar un golpe con un palo en la mitad superior del cuenco o frotar el palo en círculos alrededor de la parte superior exterior del cuenco. (Este tipo de palos se denominan *baquetas* y están especialmente diseñados para este uso).

[**] N. del T.: En esta obra, siempre que la autora habla de golpear un cuenco se refiere a hacerlo delicadamente con una baqueta (ver la nota anterior) con el fin de hacerlo sonar .

solar, fa y fa# para el chakra del corazón, sol y sol# para el chakra de la garganta, la y la# para el chakra del tercer ojo y si para el chakra de la corona.

APLICACIONES (*APPS*)

Las aplicaciones para teléfonos inteligentes, tabletas y ordenadores ofrecen una variedad de opciones para la sanación a través del sonido. Estas son algunas:

AJUSTE DE LOS CHAKRAS

Aplicaciones como Chakra Tuner reproducen una serie de tonos que conectan con cada chakra. Por lo general, es posible establecer la duración de cada tono. Escucha una aplicación de ajuste de los chakras con auriculares y visualiza cada chakra mientras se reproduce el tono. También es posible configurar las aplicaciones para que se centren en un solo chakra si se necesita equilibrar uno en particular.

FRECUENCIAS *SOLFEGGIO*

Las frecuencias *solfeggio* son sonidos que vibran a una determinada frecuencia y se corresponden con distintas partes del cuerpo. Pueden ser tonos específicos o piezas musicales basadas en ese tono. Aplicaciones como Solfeggio Sonic Meditations utilizan música y sonidos sintonizados en una determinada frecuencia para equilibrar o estimular determinadas energías. Las frecuencias *solfeggio* se basan en notas utilizadas en el canto gregoriano, y cada una ayuda a equilibrar las energías de acuerdo con ciertas intenciones.

396 Hz: resolución de problemas de miedo, seguridad y culpa (chakra raíz).

417 Hz: eliminación de bloqueos o desatascar a la persona (chakra sacro).

528 Hz: manifestación y creación (chakra del plexo solar).

639 Hz: perdón, compasión, relaciones (chakra del corazón).

741 Hz: comunicación y expresión creativa (chakra de la garganta).

852 Hz: intuición y capacidad psíquica (chakra del tercer ojo/chakra de la corona).

963 Hz: conexión con lo divino (chakra de la corona).

BAÑOS DE SONIDO

Aplicaciones como Gong Bath te permiten relajarte mientras se derraman sobre ti las vibraciones de instrumentos de sanación sagrados.

PULSOS BINAURALES

Los pulsos binaurales son patrones de sonido específicos que alternan entre el oído derecho y el izquierdo para estimular distintos tipos de ondas cerebrales. Deben escucharse con auriculares. Aplicaciones como BrainWave estimulan las ondas cerebrales para alcanzar los estados alfa, beta, delta o *theta* con el fin de promover diversos tipos de sanación, como dormir mejor o alcanzar estados meditativos más profundos.

Cristales

Los cristales son rocas y minerales que tienen una estructura cristalina. Hay cientos de tipos de cristales diferentes y cada uno tiene su propia frecuencia y sus propiedades sanadoras. Puedes descubrir más sobre las propiedades sanadoras de los cristales en Internet o por medio de un buen libro que trate sobre los distintos cristales y sus propiedades (puedes encontrar varias recomendaciones en la página 184).

Cada cristal vibra con su propia frecuencia en función de su color, opacidad y estructura interna. Cuando uno los trae a su entorno, se combinan con la energía de los seres y las cosas cercanas a ellos, de tal manera que la vibración del cristal y la de aquello que lo rodea se encuentran en algún lugar en el medio. El resultado es que los cristales elevan la frecuencia vibratoria de todo lo que los rodea mientras reducen ligeramente su propia frecuencia. Una vez que se han combinado con la energía de otras cosas, pueden limpiarse para hacer que recuperen su alta vibración original. Esto hace que los cristales ejerzan su acción «de arrastre» una vez más y eleven la frecuencia de lo que está cerca de ellos a un nivel más alto que antes. De esta manera, se pueden usar los cristales durante largos períodos de arrastre y limpieza para elevar continuamente la vibración de todo aquello que se encuentre dentro de su área de influencia.

Los cristales son fáciles de usar. Puedes traerlos a tu entorno y, siempre que los limpies de vez en cuando, seguirán funcionando incluso si no haces nada más con ellos. Sin embargo, se vuelven aún más poderosos si se utilizan con intención. Úsalos de otras maneras también: llévalos encima, medita con ellos, haz elixires con ellos (pero solo como se describe más adelante en las rutinas de sanación energética) o colócalos sobre tu cuerpo en el contexto de prácticas meditativas o rituales de sanación.

Una forma sencilla de seleccionar el cristal correcto es elegir uno con un color que se corresponda con el chakra asociado con el problema que se pretende resolver.

Rojo/negro - chakra raíz: problemas físicos asociados con las extremidades inferiores, seguridad y protección, depresión.

Marrón/naranja - chakra sacro: el papel de la persona en su familia o comunidad, ideas creativas, prosperidad, sexualidad, estómago, órganos sexuales.

Amarillo/dorado - chakra del plexo solar: autoestima y problemas relacionados con esta, costillas, riñones, glándulas suprarrenales, hígado, vesícula biliar.

Verde/rosa - chakra del corazón: amor, ira, amargura, aflicción, perdón, corazón, pulmones, parte media de la espalda.

Azul - chakra de la garganta: expresión creativa, juicio y crítica, decir la propia verdad, garganta, boca, cuello, tiroides.

Violeta/índigo - chakra del tercer ojo: pensamiento crítico, razonamiento, intuición, sueño, adicciones, cabeza, ojos, oídos.

Blanco/violeta - chakra de la corona: problemas de salud sistémicos, huesos, piel, problemas de salud mental, conexión con un poder superior.

SIETE CRISTALES QUE DEBES TENER

Los siete cristales que recomiendo aquí son asequibles y fáciles de encontrar. Cada uno conecta con uno de los chakras, por lo que puedes usarlos en cualquiera de los rituales de sanación que se exponen en capítulos posteriores. (También encontrarás más opciones de cristales para cada chakra en la «Guía rápida de herramientas de sanación energética para los chakras», a partir de la página 169).

Turmalina negra: este cristal asociado al chakra raíz es un magnífico cristal con múltiples usos. Conecta a tierra y puede bloquear la energía negativa o convertir esta en energía positiva. La turmalina negra también puede ayudar con los problemas asociados al chakra raíz, como el miedo, la seguridad y la protección. Si no puedes encontrarla, sustitúyela por la **hematita**.

Cornalina: la cornalina, que es un tipo de ágata, tiene un color naranja brillante, y es abundante y económica. Úsala cuando trabajes con el chakra sacro para estimular la prosperidad, superar  problemas de tipo sexual o aliviar cualquier dificultad que puedas tener para comprender dónde encajas en tu comunidad o familia. Si no puedes encontrarla, sustitúyela por el **cuarzo ahumado**.

Citrino: el citrino es la forma amarilla del cuarzo. El citrino de color amarillo más claro se encuentra así en la naturaleza, mientras que el citrino amari-  llo oscuro, el amarillo anaranjado o el amarillo pardo se crean mediante el tratamiento térmico del cuarzo ahumado o la amatista. Independientemente de si es natural o ha sido sometido a tratamiento térmico, la frecuencia vibratoria del color actuará de la misma manera. El citrino es, por naturaleza, una piedra de la prosperidad, pero también es útil con los problemas relacionados con el plexo solar. Además puede ayudar a fortalecer la autoestima y la voluntad. Si no puedes encontrar ningún citrino o no te atrae, sustitúyelo por el **ojo de tigre**.

Cuarzo rosa: esta bonita piedra es abundante y asequible. Es la versión rosada natural del cuarzo, el segundo mineral más abundante del planeta (el primero es el feldespato). El cuarzo  rosa es una piedra asociada al chakra del corazón y es ideal para fomentar el amor incondicional, el amor romántico, el perdón y la compasión, y para desprenderse de la ira y la amargura. Si no puedes encontrarlo, sustitúyelo por el **ágata musgo**.

Celestita: la celestita tiene un color azul sereno (se lo proporciona el estroncio) y cristales bonitos y brillantes. La celestita es un cristal encantador asociado al chakra de la gar-  ganta y puede ayudar con la comunicación, la expresión creativa y decir la propia verdad. También es buena para problemas en la tiroides, la garganta, la boca, los dientes, la mandíbula y las encías. Si no puedes encontrarla, sustitúyela por la **calcedonia** o el **ágata de encaje azul**.

Amatista: la amatista es la forma púrpura del cuarzo. Se la conoce como piedra de la sobriedad porque

es ideal para las personas que están en proceso de recuperación.[*] También apoya la seguridad de los viajeros. La amatista puede mejorar el sueño, facilitar que se tengan sueños significativos y ayudar a conectar con la propia intuición. Tiene un efecto favorable en el chakra del tercer ojo y también alivia las migrañas y los problemas mentales y oculares. Si no puedes encontrarla, sustitúyela por la **kunzita**.

Cuarzo transparente: encontrarás cuarzos transparentes en todas las tiendas de cristales que visites. Es una piedra sanadora universal que también puede amplificar el poder de otras piedras y dirigir su energía. Además, el cuarzo transparen-  te puede equilibrar el chakra de la corona y facilitar la conexión a un poder superior. En el improbable caso de que no puedas encontrarlo, prueba con la **howlita**.

A LA HORA DE COMPRAR LOS CRISTALES

Mi forma favorita de comprar cristales en tiendas o en ferias de minerales es elegir los que me atraen. La próxima vez que tengas la oportunidad de comprar cristales en un lugar físico, prueba a hacer lo siguiente:

---

* N. del T.: La autora explicará en el capítulo cuatro que esta piedra recibe este nombre «porque ayuda a acabar con las adicciones y los comportamientos adictivos».

1. Cuando llegues a la tienda, permanece sentado en tu automóvil o haz una pausa fuera por un momento, cierra los ojos y haz una respiración profunda, inhalando por la nariz y exhalando por la boca.

2. Di mentalmente: «Llévame a los cristales que favorecerán mi mayor bien».

3. A continuación, cuando te sientas tranquilo y relajado, entra en la tienda. Percibe hacia dónde te sientes atraído y ve a esa parte de la tienda.

4. Una vez allí, observa cualquier cristal que llame tu atención.

5. Levanta y sostén algunos cristales para ver si experimentas un «clic» o una certeza.

6. Concéntrate en cómo te hace sentir el cristal y dónde lo percibes en el cuerpo. Si te sientes a gusto con él, es el cristal adecuado para ti.

También puedes comprar cristales en línea. Hay dos sitios que me gustan especialmente, porque los propietarios son expertos en el tema y conozco la calidad de sus cristales: BestCrystals.com y HealingCrystals.com. Puedes confiar en que ambas tiendas te proporcionarán los cristales de alta calidad que anuncian honestamente en sus sitios web.

CÓMO PREPARARTE PARA USAR LOS CRISTALES

La primera vez que los cristales entren en tu casa, límpialos enseguida. Puedes limpiarlos colocándolos en un cuenco cantor y haciendo sonar este; exponiéndolos al humo de un manojo de salvia, incienso o madera de palo santo, o dejándolos bajo la luz de la luna o del sol durante doce horas. Recomiendo limpiar los cristales en estas ocasiones:

- Tan pronto como los traigas a casa después de haberlos comprado.
- Después de usarlos en una práctica meditativa o un ritual de sanación.
- Cuando otra persona los haya agarrado o usado.
- Tras períodos marcados por la adversidad en tu hogar o en tu vida, como después de una enfermedad, un cambio de vida perturbador o una discusión.
- A intervalos regulares (algunas veces a la semana los cristales que lleves encima y al menos una vez a la semana todos los que tengas).

En la limpieza a intervalos regulares basta con que agites el humo de incienso ardiente sobre los cristales.

Aromaterapia

Las plantas son seres vivos con los que compartimos el planeta. Tienen propiedades sanadoras muy especiales y la aromaterapia es una excelente manera de llevar la energía sanadora de las plantas a la propia vida. La aromaterapia utiliza aceites esenciales, que son esencias vegetales puramente destiladas y altamente concentradas, para inducir la sanación.

Las hierbas y plantas sagradas se utilizan desde hace mucho tiempo en las tradiciones de sanación, no solo como remedios, sino también para cambiar la energía de ciertas situaciones. Prácticamente todas las culturas y modalidades de espiritualidad las han utilizado a lo largo de la historia en rituales y con fines medicinales. Por ejemplo, los antiguos egipcios usaban plantas tanto en rituales religiosos como en contextos fúnebres para facilitar el tránsito del alma al plano espiritual. En el *feng shui* (el arte chino de la ubicación para facilitar el flujo de la energía), se emplean ciertas plantas para ayudar a llevar distintos tipos de energía a los espacios. Los indios americanos queman hierbas para limpiar enérgicamente los lugares. La Iglesia católica usa incienso en sus ritos y rituales para llevar las oraciones al cielo.

Aunque muchas personas entienden los beneficios médicos de la aromaterapia, no comprenden que los aceites esenciales también afectan a la energía, ya que se valen de la energía pura de las plantas para cambiar la energía de las áreas donde se aplican o esparcen. Cada aceite tiene su propia vibración, que puede incorporarse a la vibración humana y elevarla.

Hay dos formas principales de utilizar la aromaterapia: por vía tópica y por difusión. En el caso de la vía tópica, se ponen unas gotas de los aceites esenciales en un aceite portador (aceites vegetales o de frutos secos puros) o en alguna otra sustancia para diluirlos, y luego se aplican en el exterior del cuerpo —por ejemplo, frotándolos en la piel o bañándose en agua aromatizada con ellos—. En el caso de la difusión, se ponen los aceites en un difusor con agua, que dispersará su aroma en el aire. También es posible usar un pulverizador o un difusor para las mezclas que presento en el capítulo cuatro.

SIETE ACEITES ESENCIALES QUE ES BUENO TENER

Hay docenas de aceites esenciales accesibles y todos tienen sus propias propiedades especiales. Cada uno de los aceites indicados aquí conecta con uno de los chakras, por lo que pueden usarse en cualquiera de los rituales de sanación que se exponen en el capítulo tres. También encontrarás más opciones para cada chakra en la «Guía rápida de herramientas de sanación energética para los chakras» (a partir de la página 169).

Geranio - chakra raíz: conexión a tierra, seguridad y protección, manifestación, protección, repulsión de la negatividad, equilibrio de las energías. Como alternativas, prueba con el aceite esencial de **canela** o de **pachulí**.

Naranja - chakra sacro: estimular, energizar, soltar, prosperidad, ideas creativas, felicidad y alegría; ayuda con los problemas relacionados con los órganos sexuales. Como alternativas, prueba con el aceite esencial de **neroli** o de **mandarina**.

Limón - chakra del plexo solar: claridad, confianza en sí mismo, autoestima, fortalece la inmunidad, levanta el ánimo, despeja bloqueos; ayuda con problemas en los riñones, la vejiga, la vesícula biliar y el hígado. Como alternativas, prueba con el aceite esencial de **hierba limón (lemongrass)** o de **melisa**.

Rosa otto - chakra del corazón: fuerza interior, perdón, amor, compasión, paz interior, dolor, tristeza; ayuda con problemas relacionados con el corazón y los pulmones. Como alternativas, prueba con el aceite esencial de **jazmín** o de **vainilla**.

Manzanilla romana - chakra de la garganta: decir la propia verdad, desprenderse del juicio y la crítica, confianza, aceptación; ayuda con problemas relacionados con la garganta y el sueño. Si eres alérgico a la ambrosía, no la uses. Como alternativas, prueba con el aceite esencial de **clavel** o de **laurel**.

Lavanda - chakra del tercer ojo: meditación, purificación, crecimiento espiritual, adicciones, sueño, sueños, capacidad psíquica e intuición, amor espiritual, superar el abandono. Este es uno de los mejores aceites esenciales para todo uso, por lo que debes tenerlo. No hay alternativas a la lavanda.

Sándalo - chakra de la corona: espacios sagrados, purificación, conexión con lo divino, meditación; ayuda a los espíritus a cruzar al otro lado. El aceite esencial de sándalo es caro, por lo que si necesitas una opción más asequible elige el aceite esencial de **palo de rosa** o de **madera de cedro**, que tienen propiedades similares.

A LA HORA DE COMPRAR ACEITES ESENCIALES

Hay tantos proveedores de aceites esenciales que es difícil saber adónde dirigirse. Estas son algunas consideraciones que debes tener en cuenta a la hora de comprarlos:

- Busca aceites hechos a partir de materiales orgánicos.
- Si el aceite viene en un envase de plástico, no lo compres. El plástico puede filtrarse en los aceites, por lo que el mejor envase es el que está hecho con vidrio de color oscuro.
- No compres aceites perfumados o aromáticos; son aromas sintéticos que no contienen materia vegetal.
- Evita las empresas que cobran el mismo precio por todos sus aceites. Los precios de los aceites esenciales varían según los materiales que contienen. Si todos tienen el mismo precio, es probable que sean sintéticos o estén hechos a partir de materiales de baja calidad.
- Lee la etiqueta y asegúrate de que los aceites no estén diluidos. Si lo están, en la lista de ingredientes

habrá algún tipo de aceite vegetal además de la materia vegetal.

- Ten cuidado con las especificaciones «grado aromaterapéutico» o «grado aromático», que indican un producto inferior; busca los productos de grado terapéutico.
- También necesitarás un aceite portador para diluir el aceite esencial. El aceite de almendras dulces, el de jojoba y el de coco fraccionado son saludables, asequibles y no aromáticos.
- Si mezclas tus propios aceites, necesitarás pequeñas botellas con bola de rodillo[*] o frascos cuentagotas para realizar las mezclas, un cuentagotas y un pulverizador.

Mi marca favorita de aceites esenciales es Edens Garden, aunque también uso aceites de algunos otros fabricantes de confianza. Me gusta Edens Garden porque ofrece calidad y variedad y tiene buenos precios. En el apartado «Recursos» (página 183) encontrarás otras recomendaciones.

PRECAUCIONES QUE HAY QUE TENER CON LOS ACEITES ESENCIALES

Diluye siempre los aceites esenciales en un aceite portador o en agua antes de usarlos. Los aceites esenciales y el

---

[*] N. del T.: La bola de rodillo, situada en la parte superior de pequeñas botellas de vidrio, es una pequeña bola giratoria que permite la aplicación uniforme y precisa del producto sobre una superficie.

agua no se mezclan, pero esta puede diluir el aceite con la ayuda de un emulsionante. Nunca apliques un aceite esencial directamente sobre la piel; hacerlo puede provocar una reacción significativa, como una erupción grave o dificultad para respirar. Si sufres una reacción, deja de usar el aceite. Si eres alérgico a la planta que se emplea para hacer el aceite, no lo utilices.

Como los aceites esenciales están muy concentrados, siempre debes ponerte guantes cuando trabajes con ellos, para evitar que entren en contacto directo con tu piel. Si tienes mascotas, habla con el veterinario antes de pulverizar los aceites esenciales, porque pueden ser tóxicos para los animales pequeños, los gatos principalmente. Nunca ingieras un aceite esencial, a menos que te lo indique un profesional cualificado, y en estos casos toma solamente aceites de grado alimenticio. Nunca pongas un aceite esencial directamente sobre una membrana mucosa o cerca de ella; por lo tanto, nunca los apliques en los ojos, cerca de los ojos o en la nariz.

3

Rutinas diarias de sanación energética

Una de las formas más fáciles de llevar el poder de la sanación energética a tu vida es adoptar una rutina diaria. Los estudios al respecto indican que hay que mantener los comportamientos durante sesenta y seis días, en promedio, para que en el cerebro se creen las asociaciones que convierten las rutinas en hábitos. En este libro se presentan dos rutinas diarias; elige una en función del tiempo del que dispongas y ejecútala todos los días. Al cabo de diez semanas, tu práctica de sanación energética se habrá convertido en un hábito.

Las rutinas diarias de sanación energética que se ofrecen en este capítulo, derivadas de las prácticas de meditación y del conjunto de herramientas que aparecen en el capítulo dos, están organizadas según el tiempo que se tarda en completarlas: una está diseñada para llevarla a cabo en unos cinco minutos y la otra en unos quince minutos. Por más atareados que estemos en nuestra vida, es probable que todos podamos encontrar cinco minutos al día para poner en práctica una rutina de sanación energética. Recomiendo que todo el mundo comience con la rutina de cinco minutos para sentirse a gusto con ella e interiorizar los pasos hasta el punto de sentirlos como algo natural. He incluido la rutina de quince minutos, que se basa en los pasos básicos de la rutina de cinco minutos, para aquellos que dispongan de más tiempo, que podrán experimentar, así, la profunda paz asociada con los rituales de sanación energética más largos.

Puedes ejecutar la rutina de tu elección junto con la práctica meditativa, por sí misma o incluso en lugar de la meditación. A mí me gusta meditar durante unos veinte minutos antes de realizar un ritual. Ten en cuenta que también puedes incorporar a tu ritual cualquiera de las otras prácticas de sanación energética incluidas en el capítulo cuatro.

Es mejor intentar llevar a cabo el ritual de sanación a la misma hora todos los días, pero entiendo que esto no siempre es posible. Yo realizo mis rituales dos veces al día: a primera hora de la mañana y justo antes de irme a dormir. Sin embargo, hay ocasiones en las que tengo que adaptarme a lo largo de la jornada. En estos casos, siempre trato de encontrar un momento para la práctica. Lo importante es incorporar los rituales a la propia vida de manera constante e intencional.

Antes de empezar

Antes de iniciar tu ritual diario, deberás realizar un trabajo de preparación básico y rápido para definir una intención. Después harás el ritual con esa intención en mente.

1. Haz una lista de los temas que te gustaría sanar en tu vida. Esta lista puede ser tan exhaustiva como quieras.

2. Ahora, reduce la lista a uno o dos temas, los más importantes. Estos serán los primeros en los que trabajarás, pero conserva también la lista de los demás. Yo tengo la mía en un diario, y cuando me siento lista para pasar a otro tema acudo al diario y determino, intuitivamente, cuál es el siguiente asunto en el que es apropiado que trabaje.

3. Destina una página diferente a cada tema. Como ahora solo te enfocarás en uno o dos asuntos, únicamente necesitarás una página o dos.

4. Escribe el tema como una sola palabra en la parte superior de cada página (por ejemplo, «prosperidad» o «tiroides»).

5. Debajo de esta palabra que hace las veces de título, escribe dos o tres declaraciones que describan cómo será tu vida cuando ese problema se haya resuelto. Redáctalas como afirmaciones fáciles de recordar. Por ejemplo, en relación con la prosperidad, podrías escribir «tengo todo el dinero que necesito para ser feliz y para tener salud y éxito», o «doy gracias porque el dinero fluye hacia mí fácilmente cuando lo necesito». Escribe las declaraciones en párrafos separados; introduce cada una con un punto de enumeración o topo (•).

6. A continuación, introduciendo también cada elemento con un topo, escribe una lista de las emociones que sentirás cuando se resuelva tu problema. Por ejemplo, podrías sentirte «feliz», «aliviado», «libre», «alegre», etc.

ESTABLECE UN ANCLA

En cada ritual, también utilizarás una técnica perteneciente al sistema de modificación del comportamiento conocido como *programación neurolingüística* (PNL). La PNL fue desarrollada originalmente por Richard Bandler y John Grinder. La técnica de PNL que utilizarás en este libro, llamada *anclaje*, te permitirá regresar al estado positivo que hayas alcanzado en tu meditación a medida que avanza el día. Con el anclaje generarás sentimientos positivos a través de la visualización en tus rituales diarios, que tendrán como base las afirmaciones y emociones que acabas de anotar.

La manera de proceder es la siguiente. Una vez que te encuentres en un estado emocional muy positivo al final de tu ritual, haz un solo gesto (como colocar la mano izquierda sobre el corazón o apretar un puño con fuerza) y mantenlo hasta que los sentimientos positivos comiencen a disiparse. Luego, suelta el gesto. Así, el gesto queda convertido en un ancla que te permitirá recordar los sentimientos positivos a lo largo del día cuando surja la negatividad e interrumpirá los patrones de pensamiento negativos, que son contraproducentes para la sanación. Por ejemplo, yo utilizo el gesto de *okey* como ancla (la punta de mi pulgar toca la punta del dedo índice). Determina tu propio gesto; elige uno que sea fácil de realizar y que no efectúes normalmente. Así, los sentimientos positivos quedarán anclados al gesto. En todos los casos, mantén el gesto hasta que los sentimientos de felicidad comiencen a desvanecerse.

A medida que avance el día, presta atención a lo que piensas. Cuando surjan pensamientos relacionados con el problema que estás tratando de resolver, haz el gesto para recuperar los sentimientos positivos surgidos con tu visualización y restablece tu intención sanadora. Esto interrumpirá la energía del pensamiento negativo. Por ejemplo, si tu problema tiene que ver con la prosperidad y te das cuenta de que aparece el pensamiento «no puedo permitirme esto» o una preocupación del estilo «¿cómo voy a pagar X?», haz tu gesto. Incluso puedes repetir una de tus afirmaciones mientras lo haces, como «doy gracias por gozar de prosperidad». Procede de esta manera cada vez que adviertas que surgen ese tipo de pensamientos negativos.

LA PREPARACIÓN PARA EL RITUAL

La preparación para el ritual puede ser tan simple o tan compleja como quieras. Al igual que con la práctica meditativa, es importante que realices el ritual en un lugar en el que no te vayan a molestar mascotas, personas o dispositivos electrónicos. Si tienes un espacio en el que meditar, este es un lugar magnífico para realizar los rituales. Si no dispones de mucho espacio, incluso un dormitorio con la puerta cerrada será apropiado, siempre que comuniques a las personas que conviven contigo que no quieres que te molesten durante esos momentos. Como he mencionado anteriormente, puedes realizar el ritual como un complemento a la meditación, ejecutarlo en lugar de la meditación o hacerlo independientemente de ella. Tú decides. Adapta el ritual a tus necesidades y horarios.

Estos son algunos elementos que me gusta que estén presentes en mi espacio cuando realizo rituales de sanación para mí misma:

- Música suave, ruido blanco o pulsos binaurales.
- Cristales.
- Un reloj con alarma (este elemento no es necesario, pero puede ser útil si se dispone de un tiempo limitado).

- Aromas agradables procedentes de velas, incienso, aromaterapia o hierbas.
- Cualquier elemento que vaya a usar durante el ritual, como determinados cristales, un cuenco cantor o aceites esenciales.

Es posible que haya otros elementos que te gustaría incorporar. Tomarte tiempo para preparar el lugar te servirá para alcanzar el espacio mental adecuado para ejecutar el ritual; gracias a este condicionamiento, cuando empieces a realizarlo ya estarás preparado para entrar en un espacio mental positivo y favorable a la sanación.

Yo tardo menos de cinco minutos en llevar a cabo mi rutina previa al ritual:

1. Coloco cojines en mi espacio de meditación y ajusto la iluminación para que sea suave. Normalmente lo que hago es poner una luz ambiental, como una lámpara de sal del Himalaya, y apago las luces del techo.

2. Enciendo un trozo de madera de palo santo o incienso *nag champa* y camino junto a las paredes de la habitación con él en la mano, agitando el humo hacia los rincones. Luego, coloco el incienso en un quemador o la madera de palo santo en un plato y dejo que siga humeando. Pongo el quemador o el plato en algún lugar cerca de mí donde no pueda golpearlo o pisarlo accidentalmente. Dejo que el

incienso o la madera se apaguen por sí solos en el transcurso del ritual.

3. Si no voy a usar un instrumento de sanación por medio del sonido durante el ritual, pongo en marcha una aplicación llamada Brainwave Studio, que utiliza música o sonidos ambientales (como el canto de pájaros o campanillas de viento) y tonos isocrónicos (similares a los pulsos binaurales, si bien no requieren auriculares) para inducir ondas cerebrales favorables a la meditación o la relajación. Tengo las aplicaciones en mi teléfono inteligente, por lo que desactivo el sonido de las llamadas o pongo el teléfono en modo «no molestar» para no distraerme durante el ritual.

Después del ritual

Cuando hayas finalizado el ritual, tómate un momento para enraizarte y volver a habitar tu cuerpo. Puedes hacerlo de cualquiera de estas maneras:

- Visualiza raíces que salen de la planta de tus pies y penetran en la tierra.
- Sostén un trozo de turmalina negra durante uno o dos momentos en tu mano receptora (la no dominante).
- Toca el suelo con ambas manos.
- Bebe un vaso de agua fría.
- Pon las manos y las muñecas bajo agua fría.

RITUAL DE SANACIÓN DIARIO DE CINCO MINUTOS

El siguiente ritual tarda unos cinco minutos en hacerse. Si lo deseas, puedes colocar un cristal que se corresponda con el color de cada chakra (consulta el apartado dedicado a los cristales en el capítulo dos, página 78) sobre cada uno de los chakras o cerca de estos.

Antes de empezar, echa un vistazo a las páginas en las que escribiste el tema o los dos temas con los que vas a trabajar hoy, para tener bien presentes las afirmaciones y emociones. Ten las páginas cerca para consultarlas si lo necesitas durante el ritual.

1. **Respira y céntrate**

   Siéntate o recuéstate tranquila y cómodamente con los ojos cerrados. Haz una respiración profunda, inhalando por la nariz y exhalando por la boca, y permitiendo que cualquier tensión que albergue tu cuerpo salga de este y entre en la tierra. Deja que la tierra absorba y neutralice la tensión. Haz tres o cuatro respiraciones lentas.

   Ahora, pon las manos sobre el corazón. Observa cómo el calor de tus manos envía energía al centro de este. Céntrate en el corazón. Con este fin, piensa en alguien a quien ames profundamente o piensa en algo por lo que estés profundamente agradecido. Percibe cómo hay cada vez más amor en tu corazón. Dedica aproximadamente un minuto a hacer esto.

2. **Visualiza amor y energía**

Visualiza cómo ese amor se expande desde tu corazón hacia el resto del cuerpo; cada latido lo impulsa por los vasos sanguíneos. Siente cómo llega a cada área de tu cuerpo y más allá de este, a tu campo energético. Tómate alrededor de un minuto para hacer esto.

Mientras la energía te va impregnando, visualiza tu chakra raíz, percibiendo en qué punto toca la tierra. Visualízalo como una rueda de luz roja y brillante. Puedes salmodiar el mantra *bija* o la vocal sanadora correspondiente a este chakra (consulta el apartado dedicado a los mantras *bija* en el capítulo dos, página 72).

3. **Mueve la energía.**

Mueve la energía hacia arriba a través de cada chakra, empezando por el raíz. Salmodia el mantra *bija* o la vocal sanadora correspondiente a cada chakra mientras visualizas el desplazamiento de la energía. Visualiza el chakra sacro como una rueda de luz naranja, el del plexo solar como una rueda de luz amarilla, el del corazón como una rueda de luz verde, el de la garganta como una rueda de luz azul, el del tercer ojo como una rueda de luz violeta y el de la corona como una luz blanca pura. Desplazar la energía a través de los chakras debería llevarte alrededor de un minuto.

4. **Di las afirmaciones y visualiza la sanación**

Ha llegado el momento de abordar tus temas. Di las afirmaciones que escribiste en relación con ellos y a continuación visualízate con esos temas resueltos, procurando imaginarlo y sentirlo con la mayor sensación de realidad que puedas evocar. Permítete sentir las emociones que indicaste que experimentarás al ver tus problemas resueltos. Dedica a esta fase del ritual entre un minuto y medio y dos minutos aproximadamente.

5. Efectúa el anclaje y vuelve a tu cuerpo

Ahora, con todos estos maravillosos sentimientos recorriendo tu cuerpo, realiza tu gesto de anclaje y mantenlo hasta que los sentimientos positivos comiencen a desvanecerse. Cuando llegue este momento, deja de hacer el gesto y regresa a tu cuerpo. Abre los ojos y prosigue con tus actividades diarias.

RITUAL DE SANACIÓN DIARIO DE QUINCE MINUTOS

El siguiente ritual tarda unos quince minutos en hacerse. Si lo deseas, puedes colocar un cristal que se corresponda con el color de cada chakra (consulta el apartado dedicado a los cristales en el capítulo dos, página 78) sobre cada uno de los chakras o cerca de estos.

Antes de empezar, echa un vistazo a las páginas en las que escribiste el tema o los dos temas con los que vas a trabajar hoy, para tener bien presentes las afirmaciones y emociones. Ten las páginas cerca para consultarlas si lo necesitas durante el ritual.

1. Respira y céntrate

Siéntate o recuéstate tranquila y cómodamente con los ojos cerrados. Haz una respiración profunda, inhalando por la nariz y exhalando por la boca, y permitiendo que cualquier tensión que albergue tu cuerpo salga de este y entre en la tierra. Deja que la tierra absorba y neutralice la tensión. Haz tres o cuatro respiraciones lentas.

Ahora, pon las manos sobre el corazón. Observa cómo el calor de tus manos envía energía al centro de este.

Céntrate en el corazón. Con este fin, piensa en alguien a quien ames profundamente o piensa en algo por lo que estés profundamente agradecido. Percibe cómo hay cada vez más amor en tu corazón. Dedica aproximadamente un minuto a hacer esto.

2. Visualiza amor

Visualiza cómo ese amor se expande desde tu corazón hacia el resto del cuerpo; cada latido lo impulsa por los vasos sanguíneos. Siente cómo llega a cada área de tu cuerpo y más allá de este, a tu campo energético. Tómate alrededor de un minuto para hacer esto.

3. Visualiza energía luminosa

Deja tu mano receptora (la no dominante) sobre el centro del corazón y lleva tu mano dadora (la dominante) al chakra raíz.

Visualiza la energía que fluye desde tu corazón como una luz blanca o dorada que se desplaza por tu mano, recorre tu brazo y se mueve por tu cuerpo, hasta llegar al chakra raíz.

Observa cómo la luz blanca o dorada de tu corazón se fusiona con la luz roja de tu chakra raíz.

Lleva tu mano dadora a cada chakra, uno tras otro. En cada caso, visualiza cómo la luz blanca y amorosa procedente de tu chakra del corazón llega a cada chakra y se mezcla con la luz coloreada correspondiente al chakra (consulta la página 79 para ver cuáles son los colores luminosos asociados con cada chakra). Trabaja desde el chakra raíz hasta el de la coronilla, dedicando un minuto a cada uno aproximadamente. Mientras envías la luz a cada chakra, puedes salmodiar el mantra *bija* o la vocal sanadora correspondiente (consulta el apartado dedicado a los mantras *bija* en el capítulo dos, página 72).

4. Enfócate en los temas

Recuerda el tema o los dos temas problemáticos que vas a abordar hoy. Trabajando en uno cada vez, concéntrate totalmente en ellos y percibe en qué parte o partes del cuerpo los sientes. Visualízalos como sombras en el cuerpo, como manchas oscuras que impiden que esté presente la luz y que circule la energía.

5. Visualiza la sanación por medio de la luz

Observa las sombras y pon la mano dadora (la dominante) sobre ellas, mientras la mano receptora (la no dominante) permanece sobre el centro del corazón. Visualiza cómo la luz blanca o dorada fluye desde tu corazón hacia la mano receptora, sube por el brazo, pasa por el cuerpo y termina en la mano dadora, desde la que se proyecta hacia la sombra.

Visualiza primero cómo esta luz rodea la sombra, y a continuación cómo la impregna y empieza a romperla en pequeños pedazos que se mezclan con la luz.

Visualiza cómo los pedazos de luz mezclada con sombra salen de tu cuerpo y llegan a la tierra, que los absorbe y neutraliza.

Ahora, visualiza cómo el espacio que estuvo ocupado por la sombra está lleno de luz dorada o blanca.

Durante cinco minutos (más si es necesario), envía la luz sanadora dorada o blanca a cada tema problemático y a cada sombra y observa cómo desaparecen en la tierra, donde son neutralizados por la energía de esta.

6. **Céntrate, efectúa el anclaje y vuelve a tu cuerpo**

Regresa al centro de tu corazón. Una vez más, siente cómo la luz procedente de ahí fluye a través de ti hasta que te sientes en paz, relajado, positivo y libre.

Ahora, con todos estos maravillosos sentimientos recorriendo tu cuerpo, realiza tu gesto de anclaje y mantenlo hasta que los sentimientos positivos comiencen a desvanecerse. Cuando llegue este momento, deja de hacer el gesto y regresa a tu cuerpo. Abre los ojos y prosigue con tus actividades diarias.

4

La sanación de problemas específicos con el trabajo energético

Para aplicar la sanación energética a cuestiones más específicas, puedes elegir entre los remedios de este capítulo o utilizarlos junto con tu rutina diaria destinada a la sanación general. Lo que importa es establecer una práctica diaria con la intención de sanar y el enfoque de reequilibrar el sistema energético mediante el uso de las diversas herramientas y técnicas de sanación energética. La constancia y la intención son mucho más importantes que las actividades elegidas, si bien las prácticas específicas que siguen centradas en determinados temas proporcionan un marco para enfocar la intención mientras uno está embarcado en su viaje de sanación.

Consideraciones previas

El capítulo tres ofrece una secuencia de modalidades de sanación energética destinadas a reequilibrar la energía. Pero no es necesario que sigas esta secuencia. Elige uno o más remedios que te sugiera tu guía divina. No existe una forma correcta o incorrecta de incorporar estos remedios al cuidado de uno mismo.

Lo único que es necesario cuando trabajes con estos remedios es tu intención de sanar. Lo digo a menudo, pero lo diré de nuevo: la intención lo es todo. Si esta no está presente, ninguna herramienta de sanación será eficaz; por eso, con cada remedio que pruebes, es importante que te mantengas enfocado en tu intención. Y así como las rutinas diarias del capítulo tres están concebidas para ayudarte a establecer y mantener este enfoque en la intención, los remedios que se exponen en este capítulo apuntan a los desequilibrios energéticos que suelen causar determinados problemas.

Una forma de tener muy presente tu intención mientras utilizas las herramientas es formularla en voz alta o en silencio como una afirmación antes de comenzar, y a continuación hacer el gesto de anclaje que estableciste en tu rutina diaria. Seguidamente, permite que tu conciencia y tu guía divina te inspiren en el ritual de sanación que necesitas en ese momento. Si encuentras otro procedimiento que te ayude a concentrarte en tu intención, úsalo en lugar de este. No hay una forma correcta o incorrecta de proceder; solo opciones.

ABANDONO, MIEDO AL

TÉCNICAS: AROMATERAPIA, CRISTALES, TOQUE SIMPLE, *TAPPING*, VISUALIZACIÓN

El miedo al abandono surge de ciertas heridas que experimentamos en los primeros años de vida, como la falta de apego a nuestros padres y la pérdida de seres queridos o amigos. Este miedo es uno de los problemas más comunes que continúan afectándonos como adultos, y ocasiona desequilibrios energéticos y perturbaciones.

Toque sanador con turmalina negra y cornalina

El miedo al abandono surge de sentirse desprotegido (chakra raíz) y del apego a familiares, amigos o la comunidad (chakra sacro). Por lo tanto, los cristales que inciden en estas áreas pueden ayudar. Haz lo siguiente durante un lapso de cinco a diez minutos:

1. Ve a un lugar donde no te vayan a molestar. Siéntate cómodamente.

2. Agarra una turmalina negra recién limpiada con tu mano receptora (la no dominante) y pon esa mano sobre tu chakra raíz. Agarra una cornalina recién limpiada con tu mano dadora (la dominante) y pon esa mano sobre tu chakra sacro.

3. Visualiza cómo el miedo sale por el chakra raíz y es absorbido por la turmalina. Visualiza cómo una luz anaranjada sanadora fluye de tu mano a través de la cornalina y entra en tu chakra sacro.

Baño de sales de Epsom con aceites esenciales

Las sales de Epsom eliminan la energía negativa absorbiéndola. Los aceites esenciales tienen una influencia positiva en los chakras raíz y sacro, que suelen estar desequilibrados cuando se teme el abandono.

¼ de vaso de sales de Epsom

10 gotas de aceite esencial de geranio

10 gotas de aceite esencial de naranja

Abre el grifo de la bañera y añade las sales de Epsom y los aceites esenciales bajo el agua corriente. Relájate en el agua durante unos diez minutos, inhalando el aroma. Antes de salir y secarte, deja que el agua salga completamente de la bañera mientras visualizas cómo el miedo al abandono se va por el desagüe.

Tapping para el abandono

Ejecuta la secuencia de tapping *que se expone en las páginas 67 y siguientes. Mientras la llevas a cabo, repite lo siguiente:*

Lado de la mano: «Aunque temo el abandono, me amo y me acepto por completo».

Puntos restantes: «Estoy a salvo. Soy amado. Nunca estoy solo».

ALEGRÍA Y ÁNIMO POSITIVO

TÉCNICAS: AFIRMACIONES, AROMATERAPIA, MEDITACIÓN

Cultivar la alegría y otros sentimientos positivos es esencial para la sanación energética. Cuantas más emociones positivas, como la alegría, puedas generar en tu vida, con mayor facilidad podrás entrar en el espacio en el que la sanación es posible.

Mudra de la sonrisa interior (*mudra hansi*)

Hansi, *el* mudra *de la sonrisa interior o la risa, evoca la alegría y el ánimo positivo.*

Pon la punta del pulgar contra la punta del dedo corazón para crear un círculo, y luego incorpora los dedos anular e índice al círculo también, junto al dedo corazón, como muestra la imagen. Extiende el meñique con la palma hacia arriba.

Sentado, mantén el *mudra hansi*, con ambas manos apoyadas en tu regazo, con las palmas hacia arriba. Durante un lapso de cinco a diez minutos, repite esta declaración: «Estoy lleno de risa y alegría».

Mezcla para masajes que fomenta la alegría

Los aceites esenciales de limón y naranja tienen la virtud de levantar el ánimo; combinados, constituyen una mezcla excelente para masajes cuando queremos sentir más alegría.

30 ml de un aceite portador, como el de almendras dulces

10 gotas de aceite esencial de limón

5 gotas de aceite esencial de naranja

Pon todos los ingredientes en un frasco cuentagotas de vidrio oscuro y agítalo para mezclar bien. Masajea con un cuarto de cucharadita de la mezcla el área correspondiente al chakra del plexo solar.

Meditación de la risa

Estoy implicada con una práctica que engloba un conjunto de movimientos llamada nia. Dentro del nia hay una práctica que consiste en sentarse y simular la risa durante un lapso de treinta a sesenta segundos. Siempre que la hago, noto que la risa falsa no tarda en volverse auténtica y siento, realmente, alegría. Este ejercicio puede resultar incómodo al principio, pero con el tiempo la risa se convertirá en verdadera alegría.

Siéntate cómodamente en el suelo en un lugar en el que no te vayan a molestar. Toma aire y comienza a reír, fingiendo la risa al principio. Continúa riendo durante un lapso de treinta a sesenta segundos. Advierte si te empiezas a reír de verdad.

AMOR A UNO MISMO

Todo amor y toda sanación comienzan con el amor propio o amor a uno mismo. Paradójicamente, a menudo nos resulta fácil amar a los demás y difícil amarnos a nosotros mismos. Encontrar el amor propio significa aceptar todos los aspectos de nosotros mismos, incluidos aquellos que desearíamos no tener. El trabajo energético puede ayudarte a encontrar la autoaceptación en relación con todos los aspectos de ti mismo, incluidos aquellos que quieres mantener en la sombra.

Elixir para el plexo solar y el corazón

El cuarzo rosa y la cornalina, así como los aceites esenciales de rosa otto, *naranja y sándalo, pueden estimular la vibración del amor a uno mismo. Ten en cuenta que los cristales basados en el cuarzo no son tóxicos siempre que estén limpios; pero, como regla general, al hacer elixires,* no *pongas los cristales en el agua ni permitas que entren en contacto con el agua, porque algunos sueltan elementos tóxicos en ella.*

1. Pon un cuarzo rosa y una cornalina recién limpiados en un frasco pequeño y limpio, y ciérralo bien.

2. Vierte un vaso de agua en un tazón y pon el frasco cerrado dentro. Déjalo ahí cuarenta y ocho horas.

3. Retira el frasco y déjalo a un lado. Vierte el agua en un frasco y añádele veinte gotas de aceite esencial de

rosa *otto*, veinte gotas de aceite esencial de naranja y cinco gotas de aceite esencial de sándalo.

Para meditar o darte un baño: transfiere el contenido del frasco a un pulverizador y rocía con este tu espacio de meditación antes de meditar, o añade dos cucharadas de la mezcla al agua en la que te vas a bañar.

Meditación del *mudra vajrapradama*

El mudra vajrapradama, *también llamado* rayo, *es un* mudra *que estimula el amor profundo a uno mismo.*

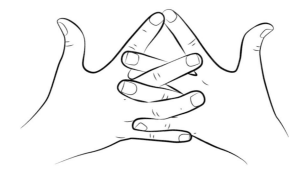

Entrelaza los dedos de ambas manos, como muestra la imagen, para formar una V con las dos manos, con los pulgares apuntando hacia arriba. Pon las manos, así entrelazadas, sobre tu corazón.

Usando la imagen de un rayo como referencia, mantén el *mudra* sobre tu corazón mientras te enfocas en el chakra correspondiente a este órgano y repites esta afirmación: «Me amo profunda y completamente a mí mismo». Dedica entre cinco y diez minutos a esta práctica.

Visualización para integrar las propias sombras

Es importante que integremos las partes de nosotros mismos que hemos repudiado. Esta meditación sencilla puede ayudarte a reintegrar tus sombras en tu yo consciente.

1. Siéntate o recuéstate cómodamente en un lugar en el que no vayan a molestarte durante un lapso de cinco a diez minutos.

2. Concéntrate un momento en todos los aspectos que no te gustan de ti mismo. Contémplalos como sombras que se forman en tu cuerpo.

3. Ahora visualiza el amor procedente de tu chakra del corazón como una luz verde que irradia desde el centro del corazón y fluye hacia el interior de las sombras, alrededor de estas y a través de ellas, haciendo que se rompan. Observa cómo los fragmentos de sombras mezclados con la luz verde fluyen hacia tu corazón, donde se convierten en amor.

AMOR Y RELACIONES

Es natural querer amor y compañía. Amar a los demás y sentirnos amados nos ayuda a generar y sostener emociones y experiencias positivas, mientras que sentir falta de amor puede conducir a un desequilibrio o una perturbación.

Visualización del imán del amor

Siéntate o recuéstate cómodamente con los ojos cerrados. Visualiza que tu corazón brilla con un color verde intenso y que esta luz verde te rodea. Ahora, visualiza esta luz verde como un imán que atrae todo tipo de amor hacia ti. Haz esto durante un lapso de cinco a diez minutos.

Mezcla para el amor con rosa otto y sándalo

Fuertemente asociados con el chakra del corazón, los aceites esenciales de rosa otto *y sándalo tienen una vibración que fomenta y atrae el amor.*

30 ml de un aceite portador, como el de almendras dulces

6 gotas de aceite esencial de rosa *otto*

6 gotas de aceite esencial de sándalo

Pon todos los ingredientes en un frasco cuentagotas de vidrio oscuro y agítalo para mezclar bien. Masajea con un cuarto de cucharadita de la mezcla el área del chakra del corazón.

Afirmación para el amor

1. Anota en una hoja de papel todas las cualidades que quieres que tenga una relación amorosa y cómo te sentirás en dicha relación.

2. Parte de las cualidades y sentimientos que has identificado para crear cinco afirmaciones; formúlalas como declaraciones positivas o de gratitud referentes a una relación amorosa. Por ejemplo, «agradezco tener la pareja perfecta en mi vida; me aporta alegría» o «mi vida está llena de amor, risas y amigos».

3. Di tus afirmaciones cinco veces cada mañana al despertarte y cada noche antes de irte a dormir. Sigue con este proceso durante el tiempo que sientas necesario.

ANSIEDAD Y PREOCUPACIÓN

TÉCNICAS: AROMATERAPIA, CRISTALES, SANACIÓN POR MEDIO DEL SONIDO, *TAPPING*, VISUALIZACIÓN

Mi padre solía decirme que el noventa y cinco por ciento de las cosas que nos preocupaban el año anterior no ocurrieron nunca. Tenía razón. Preocuparse nunca es productivo. La preocupación agota nuestra fuerza vital con los pensamientos en bucle que genera, los cuales nos mantienen en un estado de lucha o huida permanente que desemboca en desequilibrios que, a su vez, pueden conducir a perturbaciones.

Baño con lavanda y amatista

Tanto la lavanda como la amatista son calmantes y relajantes.

¼ de vaso de sales de Epsom (opcional)

10 gotas de aceite esencial de lavanda

1 o 2 piezas de amatista recién lavadas

1. Abre el grifo de la bañera y añade las sales de Epsom (si vas a usarlas) y el aceite esencial bajo el agua corriente.

2. Pon la amatista en la bañera, alejada del punto en el que vas a sentarte.

3. Relájate en el agua durante unos diez minutos, inhalando profundamente el aroma. Si aparecen preocupaciones, suéltalas y vuelve a concentrarte en la lavanda y la amatista.

Sanación del chakra raíz por medio del sonido

La ansiedad surge de miedos relacionados con la seguridad y la protección, que son temas asociados al chakra raíz.

1. Recuéstate cómodamente en un lugar en el que no vayan a molestarte.

2. Escucha la frecuencia *solfeggio* de 396 Hz a través de auriculares durante unos diez minutos.

3. Durante la escucha, visualiza cómo pasa energía sanadora blanca a través del centro de energía roja de tu chakra raíz.

Tapping para la ansiedad

Ejecuta la secuencia de tapping *que se expone en las páginas 67 y siguientes. Mientras la realizas, repite lo siguiente (en el espacio en blanco de la primera afirmación, haz explícito el motivo de tu preocupación):*

Lado de la mano: «Aunque me preocupa _____, me acepto por completo y me amo profundamente». Puntos restantes: «Siento una paz y una aceptación profundas, y confío en que el universo está conspirando a mi favor».

APEGOS Y RENDICIÓN

TÉCNICAS: AROMATERAPIA, CRISTALES, MEDITACIÓN, VISUALIZACIÓN

A veces nos apegamos a cosas que no favorecen nuestro mayor bien. Por ejemplo, puede ser que nos aferremos a objetos que ya no necesitamos o a resultados que creemos que queremos pero que no son los que más nos convienen. Cuando reconozcas que estás apegado a algo que no te beneficia, utiliza técnicas de sanación energética para soltar ese aferramiento.

Meditación con mantra y visualización

1. Ve a un lugar en el que no te vayan a molestar, como el sitio donde meditas.

2. Medita durante diez minutos repitiendo a modo de mantra la frase: «Suelto _____» (completa el espacio en blanco).

3. Mientras repites el mantra, visualiza que lo que necesitas soltar sale de tu cuerpo y entra en la tierra.

Elixir de cuarzo rosa con aceite esencial de rosa otto

El cuarzo rosa ayuda a soltar en relación con el amor, por lo que es ideal para sentimientos como el rencor o el enojo. La rosa otto tiene una vibración similar y también es útil en el amor y el perdón. Ten en cuenta que los cristales basados en el cuarzo no son tóxicos siempre que estén limpios; pero, como regla general, al hacer elixires, no *pongas los cristales en el agua ni permitas que entren en contacto con el agua, porque algunos sueltan elementos tóxicos en ella.*

1. Pon un cuarzo rosa recién lavado en un frasco pequeño y limpio, y ciérralo bien.

2. Vierte un vaso de agua en un tazón y pon el frasco cerrado dentro. Déjalo ahí toda la noche.

3. Quita el frasco del tazón y déjalo a un lado. Vierte el agua del tazón en una botella y añade diez gotas de aceite esencial de rosa *otto* y media cucharadita de sal rosa del Himalaya.

4. Cada noche antes de irte a dormir, visualiza lo que necesitas soltar. A continuación agita bien la botella, humedece tus manos con unas gotas del elixir y aplícatelo sobre la cara mientras dices: «Suelto _____» (completa el espacio en blanco).

Meditación del *mudra ksepana*

El mudra ksepana *es una postura simple en la que participan ambas manos que facilita soltar los apegos que no nos benefician.*

1. Mantén las manos (en la posición que se indica) a la altura del chakra del corazón.

2. Toma aire y gira las muñecas de tal manera que los dedos índices apunten en dirección opuesta a ti y hacia el suelo. Saca el aire y lleva los brazos por encima de la cabeza, extendiéndolos completamente y dirigiendo los dedos índices hacia el techo.

3. Inhala y lleva las manos hacia abajo, hasta que queden frente al tercer ojo, con las puntas de los dedos hacia arriba. Exhala y vuelve a poner las manos, sin deshacer el *mudra*, a la altura del chakra del corazón.

4. Haz ocho veces la secuencia anterior.

COMPASIÓN

TÉCNICAS: AROMATERAPIA, CRISTALES, MEDITACIÓN, SANACIÓN POR MEDIO DEL SONIDO, VISUALIZACIÓN

La compasión se origina en el chakra del corazón. Por lo tanto, trabajar con remedios para este chakra puede ayudarte a encontrar la compasión hacia ti mismo o los demás.

Aceite para el corazón de rosa *otto* con cuarzo rosa

El cuarzo rosa y el aceite de rosa otto *tienen una vibración similar: la de la compasión y el amor. Juntos constituyen un potente remedio que nos ayuda a experimentar una compasión más profunda hacia nosotros mismos y los demás.*

Chips de cuarzo rosa recién limpiados

30 ml de un aceite portador

20 gotas de aceite esencial de rosa *otto*

Introduce algunos *chips* de cuarzo rosa en un frasco cuentagotas limpio. Añade el aceite portador y el aceite esencial. Mezcla bien. Masajea con un cuarto de cucharadita de la mezcla el área del chakra del corazón en el sentido de las agujas del reloj tres veces al día.

Mudra shuni para la compasión

Ve a un lugar en el que no te vayan a molestar y adopta una postura cómoda. Haz el *mudra shuni*, que

fomenta la paciencia, con cada una de tus manos. En este *mudra*, la punta del pulgar toca la punta del dedo corazón, de tal manera que se crea un círculo. Lleva ambas manos a tu regazo para que descansen ahí, en la posición del *mudra* y con las palmas hacia arriba. Conservando esta postura, concéntrate en el chakra del corazón y repite la palabra *compasión* durante cinco minutos.

Frecuencia *solfeggio* para el chakra del corazón

Recuéstate de tal manera que te sientas cómodo en un lugar en el que no vayan a molestarte y con los auriculares puestos escucha la frecuencia *solfeggio* de 639 Hz durante unos diez minutos. Mientras tanto, visualiza que tu chakra del corazón se abre y vierte amor y compasión al universo.

CONFIANZA

TÉCNICAS: AFIRMACIONES, CRISTALES, MEDITACIÓN, *TAPPING*

Los problemas de confianza se originan en el chakra raíz, mientras que la integridad proviene del chakra de la garganta, que está asociado con decir la propia verdad. Es necesario ponderar la capacidad de confiar en los demás con la propia fiabilidad para obtener armonía y equilibrio.

Meditación con turmalina negra y celestita

Realizar una meditación centrada en un mantra con el apoyo de cristales conecta el chakra raíz (asociado a la seguridad) con el chakra de la garganta (asociado con la confianza y la verdad), lo cual nos ayuda a aprender a confiar.

1. Ve a un lugar silencioso, en el que puedas estar a gusto y no te vayan a molestar.

2. Túmbate bocarriba y pon una turmalina negra recién limpiada en el área de tu chakra raíz y una celestita en el área del chakra de la garganta.

3. Visualiza cómo fluye energía desde el chakra raíz hasta el chakra de la garganta y cómo esta vuelve a bajar mientras repites esta afirmación: «Confío en el universo y yo, por mi parte, soy digno de confianza». Haz esto durante unos cinco minutos.

Tapping para potenciar la confianza

Utiliza la secuencia de tapping *de las páginas 67 y siguientes si tienes problemas de confianza con una persona en concreto. Mientras das los golpecitos, di lo siguiente:*

Lado de la mano: «Aunque no confío en _____ [completa con el nombre de la persona], me amo y me acepto completamente». Si lo que ocurre es que la otra persona no confía en ti, sustituye la primera parte del enunciado por: «Aunque _____ [nombre de la persona] no confía en mí».

Puntos restantes: «Me esfuerzo por forjar una relación de confianza con _____ [nombre de la persona] sin que nadie salga malparado. Incluso si _____ [nombre de la persona] no es digno de confianza, estoy protegido».

Afirmación para potenciar la confianza universal

Di las siguientes afirmaciones cinco veces por la mañana y cinco veces antes de irte a dormir. Cuanto más trabajes con ellas y más las repitas a diario, más estarás contribuyendo a que sean una realidad.

- «Confío en que el universo me envía lo que necesito para mi mayor bien».
- «Confío en que mis pensamientos, palabras y acciones apoyan siempre mi mayor bien».
- «Confío en que los demás hacen todo lo que pueden por su propio bien con las herramientas de las que disponen».

CRECIMIENTO ESPIRITUAL

TÉCNICAS: AROMATERAPIA, CRISTALES, MEDITACIÓN

Toda nuestra existencia como espíritus encarnados como personas consiste en crecer espiritualmente mientras vivimos en un cuerpo humano. Esta misión continúa cuando ya no estamos encarnados y existimos solo como espíritus. Por lo tanto, el crecimiento espiritual es más esencial para nuestro ser que el aire para nuestro cuerpo.

Meditación del *mudra anjali*

Conocido también como mudra de la oración, el mudra anjali *se utiliza en posturas de yoga como la postura del árbol y el saludo al sol. Pero no tienes que ser un yogui para practicarlo. Solo tienes que sentarte cómodamente con las manos en posición de oración.*

1. Empieza con las manos frente al chakra del corazón. Mientras mantienes las manos ahí, inhala profundamente. Mientras exhalas, piensa o di en voz alta: «Espíritu, entra en mi corazón».

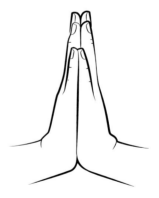

2. Levanta las manos en postura de oración hasta que estén a la altura del tercer ojo. Inhala y luego exhala. Mientras exhalas, piensa o di: «Espíritu, fluye a través de mi mente».

3. Lleva las manos, sin deshacer el *mudra anjali*, por encima de tu cabeza. Inhala y luego exhala. Mientras exhalas, piensa o di: «Espíritu, fluye desde arriba y alrededor de mí para llenarme con la energía de lo divino».

4. Repite seis veces más todo el proceso.

Mezcla de sándalo y lavanda para masajes

Esta mezcla puede ayudarte a reconocer qué es lo que necesitas para crecer espiritualmente. Las cantidades que aquí se indican corresponden a 15 mililitros de producto.

1 cucharada de un aceite portador, como el de almendras dulces

2 gotas de aceite esencial de sándalo

2 gotas de aceite esencial de lavanda

1. Pon todos los ingredientes en un frasco cuentagotas de vidrio oscuro y agítalo para mezclar bien.

2. Pon dos o tres gotas de la mezcla en la punta de tus dedos. Siéntate cómodamente con los ojos cerrados.

3. Masajea con la mezcla el área del chakra del tercer ojo, con movimientos circulares en el sentido de las agujas del reloj, mientras dices: «Espíritu, muéstrame lo que necesito saber para crecer». Hazlo nueve veces.

4. Masajea con la mezcla en un movimiento en sentido antihorario mientras dices: «Espíritu, ayúdame a manifestar lo nuevo que he aprendido en mi vida». Hazlo nueve veces.

Meditación para potenciar los sueños

Esta meditación favorece en gran medida que se tengan sueños significativos.

Pon una pieza de amatista recién limpiada —la amatista favorece los sueños— sobre tu mesita de noche, en el suelo debajo del cabecero de tu cama o entre la cabecera de tu colchón y el somier. Antes de quedarte dormido, di: «Espíritu, dime lo que necesito saber en mis sueños».

Tan pronto como te despiertes, anota lo que recuerdes de tus sueños en un diario y mira lo que puedes deducir de ellos con la ayuda de un diccionario de sueños, como DreamMoods.com, para interpretar los símbolos.

DOLOR AGUDO

TÉCNICAS: CRISTALES, TOQUE SIMPLE, VISUALIZACIÓN

El dolor agudo suele durar menos de seis meses, pero es una señal de alarma que avisa de que hay algo que no está equilibrado. Su origen son daños recientes o la falta de armonía.

Aunque la mayoría de la gente cree que el dolor es una sensación meramente física, también puede ser de tipo etérico. Por lo tanto, puedes usar estos remedios para el dolor espiritual, emocional o mental profundo, así como para el dolor físico.

Absorción del dolor con la turmalina negra

En un lugar donde no te vayan a molestar, pon una turmalina negra recién limpiada en la parte donde sientes el dolor. Recuéstate en silencio durante diez minutos. Visualiza cómo el cristal extrae la energía de dolor. Haz esto durante un máximo de diez minutos cada hora hasta que el dolor disminuya o desaparezca.

Técnica del rayo láser

Junta las puntas de los dedos pulgar, índice y corazón de tu mano dadora (la dominante) para generar un rayo de energía que vas a dirigir. A continuación, pasa este rayo sobre una zona que te duela unos centímetros por encima de esta si el dolor es sensible al tacto o importante, o aplícalo directamente en la zona si el tacto no contribuye al dolor. Haz esto cada hora hasta que el dolor desaparezca y también si reaparece.

Acción con la mano receptora

Sostén tu mano receptora (la no dominante) por encima de la zona dolorida o aplícala directamente ahí. Durante uno o dos minutos, visualiza cómo tu mano atrae el dolor. Toca el suelo con la mano para descargarlo en la tierra y neutralizarlo.

Acción con la mano dadora y un cuarzo transparente

Coloca un cuarzo transparente recién limpiado sobre la zona dolorida. Pon tu mano dadora (la dominante) sobre el cuarzo, sin presionar. Durante uno o dos minutos, visualiza cómo fluye energía sanadora desde tu mano hacia el dolor, pasando por la pieza de cuarzo. Visualiza cómo se rompe el dolor por el efecto de la energía.

Visualización

Siéntate o recuéstate cómodamente en un lugar en el que no te vayan a molestar. Durante dos o tres minutos, visualiza tu dolor como calor. Ahora, visualiza cómo una energía fría y azul fluye hacia el dolor. Observa cómo este se rompe con la energía y se disipa a través de tu piel hacia el universo. Haz esto cada hora hasta que el dolor desaparezca y también si reaparece.

DOLOR CRÓNICO

TÉCNICAS: AROMATERAPIA, CRISTALES, MEDITACIÓN, TOQUE SIMPLE, SANACIÓN POR MEDIO DEL SONIDO, VISUALIZACIÓN

Muchas afecciones, como los trastornos autoinmunes y antiguas lesiones, pueden hacer que sintamos un dolor leve, moderado o importante que dure más de unos pocos días o semanas, hasta volverse crónico. El dolor crónico puede ser la causa de un estrés continuo, pues es una experiencia extremadamente difícil despertarse y vivir todos los días con dolor. Las técnicas de sanación energética pueden ayudar a gestionarlo.

Meditación con puntas de amatista

La amatista es un remedio conocido para el dolor. El uso de puntas de amatista con doble terminación ayuda a dirigir la energía sanadora. Necesitarás al menos dos puntas de amatista recién limpiadas; si utilizas más, tanto mejor.

Coloca las puntas de amatista alrededor de las zonas doloridas con las puntas estrechas apuntando hacia el dolor y la parte ancha de la punta apuntando hacia fuera, para tomar energía del universo. Cuanto más extensa sea la zona afectada por el dolor, más grande deberá ser la punta. Recuéstate y cierra los ojos durante cinco minutos. Visualiza cómo fluye energía desde la punta hacia el dolor y lo disuelve.

Mezcla de aromaterapia para el dolor crónico

Algunos aceites esenciales han mostrado ser capaces de contribuir a aliviar el dolor crónico y agudo. El aceite de rosa mosqueta y el de hierba de san Juan son especialmente buenos para mitigar el dolor y la inflamación, mientras que el de sándalo y el de lavanda alivian y liberan calor. Las cantidades que aquí se indican dan para 30 mililitros de producto.

NOTA: El aceite de hierba de san Juan no es un aceite esencial, pero es especialmente bueno para el dolor neuropático. Si estás lidiando con problemas como la ciática o la neuropatía, intenta encontrarlo. Cuando lo compro para mis mezclas lo hago en Internet, porque en mi localidad no lo venden.

1 cucharada de aceite esencial de rosa mosqueta

1 cucharada de aceite de hierba de san Juan (opcional; ver nota)

5 gotas de aceite esencial de sándalo

4 gotas de aceite esencial de lavanda

Pon todos los ingredientes en un frasco cuentagotas de vidrio oscuro y agita para mezclar bien.

Para darse baños: añade veinte gotas al agua de la bañera en la que previamente habrás disuelto sales de Epsom (debe estar tibia) y permanece en el agua quince minutos.

Para masajes: masajea un cuarto de cucharadita del elixir en las zonas en que experimentes el dolor, como el abdomen en caso de cólicos menstruales o el síndrome del intestino irritable, o las sienes en caso de migraña.

Botella de rodillo con amatista

Mete algunos *chips* de amatista (minipuntas en bruto) recién limpiados dentro de una botella de aromaterapia con bola de rodillo. Llena el frasco con la mezcla de aromaterapia para el dolor crónico que se acaba de describir. Deja reposar el líquido durante la noche, para que se vaya impregnando de la amatista. Después, pasa la bola de rodillo sobre las zonas en las que sientas dolor, según sea necesario. (Puedes comprar una bola de amatista para la botella en lugar de introducir los *chips*, si lo deseas).

Joyas de ámbar báltico

El ámbar báltico es resina de árbol fosilizada, por lo que técnicamente no es un cristal; pero tiene efectos antiinflamatorios y otras propiedades sanadoras que pueden ayudar a aliviar el dolor.

Lleva joyas de ámbar báltico en el lugar más cercano al dolor. Por ejemplo, para el síndrome del túnel carpiano, lleva una pulsera o un anillo de ámbar báltico. Para el dolor de cabeza, elige un collar o pendientes. Para el dolor que afecta a la parte inferior del cuerpo, lleva ámbar báltico en el bolsillo del pantalón o una ajorca de este material en el tobillo.

Pulsos binaurales

Yo padecía migraña crónica (este dolor solía afectarme durante más de quince días al mes), lo que hacía que gran parte de mi vida fuese un tormento. Hasta que descubrí el poder de la sanación por medio del sonido. Usé los pulsos binaurales para el dolor de cabeza específicamente, y obtuve mejores resultados que con la mayoría de los medicamentos. Este recurso es bueno para combatir todo tipo de dolores. En dispositivos iOS, prueba la aplicación Pain Killer 2.0; en dispositivos Android, prueba la aplicación Pain Relief 2.0.

1. Ve a un lugar tranquilo y oscuro, donde puedas ponerte cómodo y nadie vaya a molestarte. Lo óptimo es que puedas tumbarte, pero estar sentado en una habitación tranquila también está bien. Considera la posibilidad de reclinar la cabeza sobre una mesa o un escritorio (si te sientes cómodo en esta postura).

2. Ponte los auriculares y cierra los ojos. Relájate y ejecuta el programa durante un lapso de cinco a diez minutos o hasta que notes que el dolor remite.

Meditación para escuchar el dolor

El dolor crónico es un mensaje que te envía el cuerpo sobre la situación física, mental, emocional o espiritual en que te encuentras. Si lo ignoras, no podrás prestar atención a sus mensajes. Esta meditación te permite escuchar tu dolor y lo que está tratando de decirte. Puedes realizarla junto con cualquiera de las técnicas destinadas a aliviar el dolor. Esta meditación requiere hacer un gesto de anclaje al final (consulta el apartado «Establece un ancla», en el capítulo tres, página 96); por lo tanto, idea uno que no estés empleando ya antes de comenzar. Se tarda entre cinco y diez minutos en completar esta meditación.

1. Siéntate o recuéstate en silencio en un lugar en el que no vayan a molestarte. Pon ambas manos en la

zona donde sientes el dolor o cerca de esta, si puedes hacerlo cómodamente.

2. Cierra los ojos y respira profundamente, inhalando por la nariz y exhalando por la boca, hasta que te sientas relajado.

3. Ahora, dirige tu atención al dolor. Siéntelo en tu cuerpo y permítete experimentarlo plenamente.

4. Siente cómo el calor de tus manos fluye hacia el dolor y lo aplaca.

5. A continuación, percibe el espacio que hay alrededor del dolor. ¿Puedes sentir dónde comienza y dónde termina la sensación dolorosa? Percibe cuánto espacio hay no solo alrededor del dolor, sino también entre los puntos donde lo sientes.

6. Alterna tu atención entre la percepción del dolor y la percepción de los espacios que hay alrededor de este libres de dolor. Haz esto durante unos minutos, hasta que empieces a notar que te separas del dolor.

7. Mientras estás concentrado en el dolor, di para tus adentros: «Dime lo que necesito saber». Mantente enfocado en el dolor unos minutos y advierte cualquier pensamiento o emoción que surja mientras tanto.

8. Cuando aparezca un pensamiento o emoción, piensa: «Gracias», y di: «Te libero». Visualiza cómo el

pensamiento o emoción se disipa en el espacio que te rodea junto con el dolor.

9. Si el dolor ha disminuido o se ha disipado, haz el gesto de anclaje y mantenlo uno o dos minutos.

10. Cuando estés listo, abre los ojos.

11. Si adviertes que el dolor comienza a intensificarse a lo largo del día, haz el gesto de anclaje.

DUELO

Todo el mundo experimenta el duelo de manera diferente y es importante permitir que este proceso pase a través de cada uno a su manera, según sus propios tiempos. No es saludable reprimir el duelo. Utiliza técnicas de sanación energética para que te ayuden a procesar la aflicción de una manera saludable y evitar quedar atrapado en ella.

Mezcla de aceites esenciales para la aflicción

Los aceites esenciales como el de naranja y el de limón tienen la capacidad de levantar el ánimo. Cuando la aflicción amenace con agobiarte, usa estos aceites en la bañera o date un masaje con la mezcla.

30 ml de aceite de almendras dulces u otro aceite portador neutro

9 gotas de aceite esencial de naranja

9 gotas de aceite esencial de limón

Pon todos los ingredientes en un frasco cuentagotas de vidrio oscuro y agítalo para mezclar bien.

Para darte un baño: pon diez gotas de la mezcla en el agua de la bañera (procura que esté tibia) y báñate durante diez minutos.

Para darte un masaje: masajea el área del chakra del corazón con un cuarto de cucharadita de la mezcla.

Meditación del chakra del corazón y el chakra raíz

Generalmente nos quedamos atascados en el duelo en relación con la energía del chakra raíz, que es donde albergamos nuestro sentido de la seguridad y la protección, o la energía del chakra del corazón, donde albergamos no solo amor y perdón, sino también ira y otros dolores emocionales intensos. Puedes realizar esta meditación con cristales (el cuarzo rosa sobre el corazón y la turmalina negra sobre el chakra raíz), si lo deseas. Prevé dedicar unos cinco minutos a esta actividad.

1. Recuéstate con los ojos cerrados, de tal manera que te sientas cómodo. Si vas a usar los cristales, pon la turmalina negra en el área del chakra raíz y el cuarzo rosa en el área del chakra del corazón.

2. Permítete advertir cualesquiera sentimientos de aflicción que surjan, pero trata de no juzgarlos. Simplemente fíjate en ellos e identifica en qué parte del cuerpo los sientes.

3. Lleva estos sentimientos al chakra del corazón si aún no están ahí.

4. Visualiza cómo entra en ti energía procedente de la Tierra a través del chakra raíz y llévala hacia arriba, hasta el chakra del corazón, para que se mezcle con tu aflicción.

5. Visualiza cómo la energía de la aflicción hace el recorrido inverso, del chakra del corazón al chakra raíz,

y de ahí pasa a la tierra. Siente cómo la tierra absorbe la energía mientras te apoya completamente.

6. Ahora, siente cómo baja energía desde lo alto (visualízala como luz blanca) y llena tu corazón. Lleva esa energía hacia abajo, hasta el chakra raíz, y de vuelta al corazón. Haz circular la energía durante el tiempo que necesites. Cuando estés listo, abre los ojos.

Afirmación de liberación de la aflicción

La aflicción se asienta cuando intentamos reprimirla, y no aparece exclusivamente en los momentos en que estamos solos y a salvo, sino que puede manifestarse en cualquier momento y lugar. Es una de esas experiencias que no se pueden sortear, sino que hay que pasar por ellas. Ahora bien, puedes utilizar una afirmación para facilitar este proceso, una vez que llegues a un espacio seguro en el que puedas permitir la experiencia.

1. Elige una afirmación que te recuerde que te conviene permitir la experiencia completa del dolor en lugar de reprimirlo. Puede ser una sola palabra, como «permito», o un enunciado, como «mi dolor fluye libremente a través de mí».

2. Siempre que empiece a manifestarse la aflicción, haz algunas respiraciones profundas. Si no puedes fluir con el dolor en el momento, tan pronto como sea posible intenta llegar a un lugar en el que puedas experimentar y expresar tu dolor libremente. No pasa nada por que esperes hasta encontrarte en un lugar donde te sientas seguro.

3. Ahora, deja que surja el dolor y di tu mantra (la afirmación elegida) mientras permites que la experiencia acontezca completamente en tu interior.

4. Respira profundamente. Observa los sentimientos, pero no los juzgues. Continúa repitiendo el mantra, permitiéndote el espacio que requieras para procesar tu dolor durante el tiempo que necesites.

5. Cuando el dolor comience a remitir, respira profundamente algunas veces y concéntrate en tu corazón.

6. Expresa gratitud por tu dolor. Cuando estés listo, abre los ojos.

EQUILIBRAR LA ENERGÍA

**TÉCNICAS: CRISTALES, MEDITACIÓN, SANACIÓN
POR MEDIO DEL SONIDO, VISUALIZACIÓN**

Equilibrar la energía implica equilibrar las energías opuestas, generar equilibrio entre las energías elementales y permitir que la energía fluya libremente a través de los chakras. Cada una de las técnicas que aquí se presentan constituye una manera de equilibrar uno de estos tipos de energía.

Meditación con sonido y el *sutra metta* para equilibrar el yin y el yang

Para ejecutar esta técnica, haz sonar tu cuenco cantor [dándole un golpe suave con una baqueta] o haz que suene el tono en una aplicación de cuencos cantores mientras recitas el sutra metta *—un discurso budista sobre la bondad amorosa— frase por frase. Deja que el cuenco o el tono suene hasta que el sonido decaiga por completo antes de volver a golpear el cuenco o reproducir el tono. Tras cada golpe, di lo siguiente:*

Golpe 1: «Que todos los seres estén en paz».

Golpe 2: «Que todos los seres sean felices».

Golpe 3: «Que todos los seres estén bien».

Golpe 4: «Que todos los seres estén a salvo».

Golpe 5: «Que todos los seres estén libres de sufrimiento».

Equilibrar la energía elemental

Para ejecutar esta técnica, usa un cristal de cuarzo transparente recién limpiado, preferiblemente una punta. Mira las figuras que se incluyen en el apartado dedicado a los meridianos en el capítulo uno (página 47) para ver cómo debes visualizar cada canal energético. Planea dedicar unos cinco minutos a esta visualización.

Pon la punta del cristal sobre el dedo gordo del pie derecho y visualiza cómo la energía sube por el canal que se muestra en las figuras de las páginas 48 y 49, despejándolo. Procede en este orden para abordar cada energía: dedo gordo del pie derecho, dedo gordo del pie izquierdo, segundo dedo del pie derecho, segundo dedo del pie izquierdo, dedo medio del pie derecho, dedo medio del pie izquierdo, cuarto dedo del pie derecho, cuarto dedo del pie izquierdo, dedo pequeño del pie derecho, dedo pequeño del pie izquierdo.

Equilibrar los chakras

Para ejecutar esta técnica deberás reunir los siete cristales (o sus sustitutos) recomendados en el capítulo dos, en la página 80.

1. Ve a un lugar tranquilo en el que no te vayan a molestar y recuéstate de tal forma que estés cómodo.

2. Pon los cristales en el área correspondiente a cada chakra, de la siguiente manera:

TURMALINA NEGRA – CHAKRA RAÍZ
CORNALINA – CHAKRA SACRO

CITRINO – CHAKRA DEL PLEXO SOLAR

CUARZO ROSA – CHAKRA DEL CORAZÓN

CELESTITA – CHAKRA DE LA GARGANTA

AMATISTA – CHAKRA DEL TERCER OJO

CUARZO TRANSPARENTE – CHAKRA DE LA CORONA

3. Salmodia el mantra *bija* o la vocal sanadora correspondiente a cada chakra mientras visualizas cómo la energía se desplaza desde el chakra raíz hasta el de la corona y viceversa. Cuando estés listo, abre los ojos.

GRATITUD

TÉCNICAS: CRISTALES, MEDITACIÓN, VISUALIZACIÓN

La práctica de la gratitud es una técnica fundamental en la sanación energética, porque nos ayuda a imbuirnos de emociones positivas, a partir de lo cual podemos empezar a fomentar la sanación. Cultivar la gratitud es una práctica diaria que puedes realizar a lo largo de la jornada para estimular las emociones positivas.

La energía de la gratitud en el plexo solar, el corazón y la garganta

Vas a realizar la práctica de desplazar la energía de la gratitud a través de los chakras. La gratitud surgirá en el chakra del plexo solar como una función de la autovaloración, se moverá al chakra del corazón para reunir amor y a continuación se desplazará al chakra de la garganta, donde vas a expresarla. Tómate el tiempo que necesites para realizar este ejercicio.

1. Siéntate o recuéstate cómodamente en un lugar en el que no vayan a molestarte.

2. Visualiza algo por lo que estés agradecido mientras centras la atención en tu plexo solar. Contempla este como una energía dorada. Visualiza cómo la energía dorada entra en tu corazón, donde se mezcla con la energía del amor, que es verde. A continuación visualiza cómo la energía dorada entra en tu garganta y se mezcla con la energía azul que hay allí.

3. Cuando estés listo, di «estoy agradecido por...» y expresa el motivo de tu gratitud. Repite el proceso para cada persona, experiencia o cosa por la que estés agradecido.

Gratitud en la cama

Mientras te vas durmiendo, medita en todo aquello por lo que estás agradecido. Con esta finalidad, recorre el alfabeto en tu mente. En cada letra, enumera algo en tu vida por lo que estés agradecido que comience con esa letra. Es probable que te quedes dormido en el proceso, pero esta práctica te conducirá a entrar en un espacio positivo al dormirte.

Elixir de la gratitud

El citrino, el cuarzo rosa y la celestita ejercen una influencia positiva en los tres chakras centrales —el del plexo solar, el del corazón y el de la garganta—, los cuales están asociados con encontrar, sentir y expresar gratitud. Ten en cuenta que los cristales cuya base es el cuarzo no son tóxicos siempre que estén limpios; pero, como regla general, al hacer elixires, no *pongas los cristales en el agua ni permitas que entren en contacto con el agua, porque algunos sueltan componentes tóxicos en este elemento.*

1. Introduce un citrino, un cuarzo rosa y una celestita recién limpiados en un frasco pequeño y limpio. Ciérralo bien.

2. Vierte un vaso de agua en un tazón y pon el frasco cerrado dentro. Déjalo ahí toda la noche.

3. Saca el frasco del cuenco y déjalo a un lado. Conserva el agua del cuenco.

Date un baño: prepara un baño y vierte el contenido del cuenco en el agua. Báñate durante diez minutos mientras reflexionas sobre aquello que hay en tu vida por lo que estás agradecido.

MALOS HÁBITOS

TÉCNICAS: AFIRMACIONES, CRISTALES, SANACIÓN POR MEDIO DEL SONIDO, *TAPPING*

Los hábitos se forman a partir de la repetición, y acaban por convertirse en comportamientos inconscientes que a menudo no advertimos que tenemos. Los malos hábitos son comportamientos y elecciones que ya no nos benefician, y es fácil que se conviertan en adicciones. Acabar con ellos requiere un esfuerzo intencionado.

Amatista y mantra de liberación

La amatista es conocida como piedra de la sobriedad *porque ayuda a acabar con las adicciones y los comportamientos adictivos. Cuando trabajes con los malos hábitos, limpia tu amatista todos los días.*

A diario, lleva la amatista en un bolsillo o llévala puesta. Cuando reconozcas que estás incurriendo en el mal hábito, sostén la amatista en tu mano receptora (la no dominante) y repite estas palabras a modo de mantra: «Suelto _____ [completa el espacio en blanco con el nombre del hábito] porque ya no me es útil».

Estimulación del chakra sacro

Los malos hábitos a menudo son la consecuencia de que hay energía atascada en el chakra sacro, por lo que estimular esta zona con regularidad puede ayudar a dinamizar esta energía atascada.

1. Ve a un lugar en el que no te vayan a molestar y recuéstate de tal manera que te sientas cómodo.

2. Pon una cornalina recién limpiada en el área de tu chakra sacro.

3. Salmodia el mantra *bija* correspondiente –*vam*– o la vocal sanadora *U* para estimular el chakra. Mientras recitas, visualiza cómo fluye libremente la energía a través del chakra sacro. Haz esto durante dos o tres minutos.

Tapping para romper hábitos

Ejecuta la secuencia de tapping *que se expone en las páginas 67 y siguientes. Mientras la llevas a cabo, repite lo siguiente:*

Lado de la mano: «Aunque tengo el hábito de _____ [completa el espacio en blanco], me acepto profunda y absolutamente».

Puntos restantes: «Suelto el hábito de _____ [completa el espacio en blanco] porque ya no me es útil».

PAZ INTERIOR

TÉCNICAS: AROMATERAPIA, CRISTALES, MEDITACIÓN, SANACIÓN POR MEDIO DEL SONIDO

La paz mundial empieza con la paz interior de cada persona. Encontrar un estado de paz interna y permanecer en él es una elección que ayuda a crear las condiciones ideales para la sanación.

Meditación para la paz con un cuenco cantor

Siéntate cómodamente con un cuenco cantor delante de ti. Dale un golpecito [con la baqueta] y deja que suene. Al golpear el cuenco, di en voz alta: «Mi cuerpo goza de una paz perfecta. Siento una profunda paz con el sonido del cuenco». Deja que el sonido se desvanezca completamente. Golpea de nuevo el cuenco y repite la declaración. Haz esto nueve veces.

Meditación con la celestita como punto focal

El color de la celestita es un azul apacible que induce sensaciones de serenidad.

Medita con la celestita como objeto focal —es decir, mírala sin forzar la mirada— durante un lapso de cinco a diez minutos.

Aerosol para la paz

Los aceites esenciales de esta mezcla para aerosol evocan sentimientos de paz. Puedes rociar tu almohada con este espray antes de irte a dormir o tu espacio de meditación para fomentar un estado de ánimo apacible.

118 ml de agua destilada o de manantial

1 cucharada de alcohol isopropílico o vodka

1 cucharada de sal rosa del Himalaya o sal marina

20 gotas de aceite esencial de lavanda

20 gotas de aceite esencial de manzanilla romana

10 gotas de aceite esencial de sándalo

Pon todos los ingredientes en un aerosol y agítalo con suavidad. Rocía una zona una o dos veces, lejos de tu cara.

PERDÓN

El perdón es algo con lo que mucha gente tiene problemas. Cuando nos aferramos a la energía de dolor que creemos que otro nos ha causado, esto no lastima a la otra persona, sino a nosotros mismos. Esto se debe a que se continúa generando energía negativa a partir del evento desencadenante mucho después de que ocurrió. Cuando perdonamos, nos negamos a permitir que la energía negativa del pasado nos afecte ahora.

Visualización para el perdón

Puedes realizar esta visualización como parte de tu meditación o por sí misma. Solo necesitas estar unos minutos a solas en un lugar en el que no te vayan a molestar.

1. Cierra los ojos y coloca ambas manos sobre el chakra del corazón, respirando profundamente.

2. Evoca a la persona a la que necesitas perdonar. Visualiza los lazos de dolor o ira como hilos de energía que os conectan.

3. Ahora visualiza cómo cortas cada uno de los hilos con unas tijeras. Mientras lo haces, di: «Te libero». Cuando hayas cortado todos los hilos, visualiza a la otra persona y a ti mismo rodeados por una luz verde sanadora.

4. Haz un gesto de anclaje (consulta el apartado «Establece un ancla», en el capítulo tres, página 96) para aferrarte a este sentimiento de perdón. Abre los ojos cuando estés listo. Si el enojo reaparece a lo largo del día, haz el gesto de anclaje y di «libero», en voz alta o para tus adentros.

Tapping para el perdón

Ejecuta la secuencia de tapping *que se expone en las páginas 67 y siguientes. Mientras la llevas a cabo, repite lo siguiente:*

Lado de la mano: «Aunque me siento enojado/disgustado/herido en relación con _____ [completa con el nombre del suceso o la persona], me amo y me acepto por completo».
Puntos restantes: «Libero a _____ [nombre]. Perdono a _____ [nombre]».

Visualización para el perdón con un cuarzo rosa

1. Siéntate cómodamente con los ojos cerrados, sosteniendo un cuarzo rosa recién limpiado en tu mano dadora (la dominante).

2. Imagina a alguien a quien ames profundamente o algo que te haga sentir profundamente agradecido y feliz. Cuando sientas que el amor se acumula en tu corazón, visualiza que se desplaza a través de tu

brazo, llega a tu mano dadora y entra en la pieza de cuarzo rosa.

3. Ahora, pasa el cuarzo rosa a tu mano receptora (la no dominante). Siente cómo la energía del cuarzo fluye por tu brazo y llega a tu corazón mientras visualizas a la persona a la que necesitas perdonar. Visualiza que esta persona entra en el centro de tu corazón junto con la energía del cuarzo rosa. Mientras imaginas esto, di en voz alta o en silencio: «Te perdono. Te libero».

4. Acoge a esa persona en tu energía amorosa durante la cantidad de tiempo que creas pertinente. Abre los ojos cuando estés listo.

Ritual para el perdón con un cuenco cantor

Para este ritual, usa un cuenco cantor de cristal afinado en fa o fa# o un cuenco cantor de bronce, que produce armónicos y sobretonos que son apropiados para todos los chakras. Como alternativa, puedes usar un diapasón afinado en fa o fa#. Prevé dedicar unos cinco minutos a esta actividad.

1. Siéntate cómodamente con el cuenco delante de ti. Dale un golpecito [con la baqueta] y deja que suene. Cierra los ojos e inhala por la nariz y exhala por la boca, mientras dejas que el sonido del cuenco se desvanezca por sí mismo.

2. Cuando el sonido ya no se oiga, vuelve a darle un golpecito al cuenco. Visualiza cómo la energía de

este entra por tu nariz y viaja a través de tus vías respiratorias hasta tu corazón. Permite que el sonido se desvanezca por sí mismo.

3. Visualiza a la persona a la que necesitas perdonar mientras das otro golpecito al cuenco. Inhala el sonido mientras visualizas a la persona y lleva tanto a esta como el sonido del cuenco al centro de tu corazón. Permite que el sonido se desvanezca por sí solo mientras sigues acogiendo a la persona en tu corazón.

4. Da un golpecito al cuenco y di en silencio o en voz alta: «Te perdono. Te libero». Repite estas palabras a modo de mantra mientras el sonido se va desvaneciendo.

5. Golpea el cuenco una vez más y, mientras el sonido se va atenuando, visualiza cómo se disuelven el dolor y la ira que te mantenían unido a la otra persona.

6. Deja de visualizar a la otra persona y golpea el cuenco una última vez. Inhala el sonido y deja que te llene por completo. Cuando estés listo, abre los ojos.

PROSPERIDAD Y ABUNDANCIA

TÉCNICAS: AFIRMACIONES, CRISTALES, VISUALIZACIÓN

La prosperidad es un gran problema para muchas personas, y nuestras creencias inconscientes sobre la disponibilidad de la abundancia en el universo pueden generar desequilibrios en nuestras vidas. Utiliza técnicas de sanación energética para descubrir creencias subconscientes sobre la escasez y para reequilibrar la energía de la abundancia en tu vida.

Feng shui y el citrino para la prosperidad

El citrino es el cristal más asociado con la prosperidad y la abundancia. Puedes emplearlo en tu casa en el rincón de la prosperidad indicado por el feng shui. *En el* feng shui *tradicional, es el rincón sureste de la vivienda o la habitación. En el occidental, es el rincón trasero izquierdo de la casa o habitación (el que se ve desde la puerta, mirando hacia dentro).*

Pon un citrino recién limpiado en uno de estos rincones y lleva una pequeña pieza de citrino en la cartera o el bolso para estimular la prosperidad y la abundancia.

Visualización para la abundancia

Ve a un lugar en el que no vayan a molestarte. Siéntate o recuéstate cómodamente y cierra los ojos. Visualízate como un imán gigantesco hacia el que fluye el dinero desde múltiples procedencias. Mientras haces esto, repite esta afirmación: «La abundancia fluye libremente hacia mí por todos los canales». Dedica entre cinco y diez minutos a esta práctica.

Mindfulness **para la prosperidad**

Una de las claves para superar la sensación de carencia es practicar la atención plena dirigida a la prosperidad a lo largo del día. Hazte consciente de lo que piensas sobre el dinero, así como de la frecuencia con la que estos pensamientos son de escasez. Por ejemplo, si te llega una factura y piensas que no podrás pagarla, estás manifestando la sensación de carencia.

Crea una afirmación del estilo «doy gracias por tener todo el dinero que necesito para pagar mis facturas y llevar una vida confortable y próspera». Repite tu afirmación cada vez que te sorprendas pensando desde una sensación de carencia.

SALUD

Con frecuencia, los problemas de salud física son los primeros signos que reconocemos cuando surgen desequilibrios energéticos y perturbaciones. Por lo general, comienzan como un síntoma leve, pero a medida que aumenta el desequilibrio, los síntomas se vuelven más fuertes y persistentes. De todos modos, atender la salud física implica más que tratar los síntomas físicos. Los remedios que se ofrecen en este apartado van más allá de lo físico para ayudar a eliminar las causas del desequilibrio.

Siéntate con los síntomas

Sentarte con los síntomas te permite escuchar lo que está tratando de decirte tu cuerpo.

Siéntate o recuéstate en silencio, sintiéndote cómodo, y pregúntate: «¿Qué es lo que necesito saber?». Durante los próximos diez minutos, observa en silencio lo que aparece en tu cuerpo, mente o espíritu. Por ejemplo, al concentrarte en tus síntomas, puede surgir enojo hacia alguien. Cuando aparece algo del estilo de una emoción o un miedo mientras estamos sentados con los síntomas, esta suele ser la causa raíz. Percibir eso te ayudará a identificar qué es lo que está desequilibrado y causa los síntomas o las perturbaciones, lo cual te permitirá hacer algo al respecto.

Elixir para la salud con un cuarzo transparente

El cuarzo transparente es un cristal universal que ayuda con todos los problemas. Ten en cuenta que los cristales cuya base es el cuarzo no son tóxicos siempre que estén limpios; pero, como regla general, al hacer elixires, no *pongas los cristales en el agua ni permitas que entren en contacto con el agua, porque algunos sueltan elementos tóxicos en ella.*

1. Introduce un cuarzo transparente recién limpiado en un frasco pequeño y limpio. Ciérralo bien.

2. Vierte un vaso de agua en un tazón y pon el frasco cerrado dentro. Déjalo ahí cuarenta y ocho horas.

3. Saca el frasco del cuenco y déjalo a un lado. Vierte el agua del cuenco en una botella.

> Para beber: añade una cucharada del elixir al agua, el zumo o el batido que te tomas por la mañana.

Sanación por medio del sonido para todo el cuerpo

Este remedio es simple y rápido y se basa en los sonidos sanadores de las vocales asociadas con los chakras (consulta el apartado dedicado a las vocales en el capítulo dos y la figura en la que se presentan dichas vocales; páginas 73 y 74). No necesitas saber qué notas estás emitiendo; basta con que vayas hacia arriba y hacia abajo en la escala al emitir los sonidos de las vocales. Esta práctica solo te debería llevar unos minutos.

1. Haz lo siguiente en el transcurso de una sola exhalación: empieza emitiendo el sonido de la vocal correspondiente al chakra raíz, en el tono más bajo que puedas. Pasa al siguiente chakra y sonido vocálico y salmódialo en un tono ligeramente más alto. Haz esto con cada chakra hasta llegar al de la corona, pronunciando las vocales en un tono cada vez más elevado. En el chakra de la corona deberías emplear el tono más alto que puedas.

2. Respira, y luego, en una sola exhalación, salmodia las vocales en tonos descendentes, hasta regresar al chakra raíz.

3. Repite el proceso (los puntos uno y dos) siete veces más.

TRASTORNOS AUTOINMUNES

TÉCNICAS: AFIRMACIONES, CRISTALES, VISUALIZACIÓN

Unos veintitrés millones de estadounidenses sufren alguna enfermedad autoinmune. Hay muchos tipos de enfermedades autoinmunes, entre ochenta y cien. En la sanación energética aplicada a este tipo de afecciones, deberás enfocarte en tres elementos: el chakra raíz, el de la corona y el más cercano al lugar afectado por la enfermedad. Por ejemplo, yo padezco tiroiditis de Hashimoto, que está relacionada con el chakra de la garganta. Alguien con diabetes tipo 1 se enfocaría en el área del plexo solar, y alguien con una afección sistémica (como una enfermedad de la piel, artritis reumatoide o lupus) se centraría en el chakra de la corona y el del tercer ojo.

Afirmación para fortalecer el sistema inmunitario

En el contexto de tu meditación diaria, repite esta afirmación durante cinco minutos: «Vibro con salud y felicidad, y mi sistema inmunitario funciona a la perfección».

Elixir de turmalina, cuarzo y el cristal correspondiente al chakra pertinente

Para hacer este elixir, utiliza una turmalina negra, un cuarzo transparente y una pieza del cristal correspondiente al chakra más cercano a tu síntoma más destacado; todos estos cristales deben estar recién limpiados. Por ejemplo, si tienes la enfermedad de Graves, que es un trastorno de la tiroides, usa una piedra azul, como la celestita. Al hacer elixires, no *pongas los cristales en el agua ni permitas que entren en contacto con el agua, porque algunos suel-tan elementos tóxicos en ella.*

1. Pon los cristales recién limpiados en un frasco pequeño y limpio, y ciérralo bien.

2. Vierte un vaso de agua en un tazón y pon el frasco cerrado dentro. Déjalo ahí durante veinticuatro horas.

3. Quita el frasco del tazón y déjalo a un lado. Vierte el agua del tazón en una botella.

> Para darse baños: añade dos cucharadas del elixir al agua de la bañera junto con un cuarto de vaso de sales de Epsom y diez gotas de aceite esencial de lavanda. Permanece en el agua entre diez y quince minutos cada día.

> Cuidado personal: añade cinco gotas del elixir a tus productos de belleza, como tu loción o champú.

Limpieza de los chakras para equilibrar el sistema inmunitario

Reúne los siete cristales o los cristales sustitutos recomendados en el capítulo dos (página 80) y ve a un lugar tranquilo en el que no vayan a molestarte. A continuación, haz lo siguiente:

1. Recuéstate de tal forma que estés cómodo. Pon los cristales, recién limpiados, en el área correspondiente a cada chakra, de la siguiente manera:

TURMALINA NEGRA – CHAKRA RAÍZ

CORNALINA – CHAKRA SACRO

CITRINO – CHAKRA DEL PLEXO SOLAR

CUARZO ROSA – CHAKRA DEL CORAZÓN

CELESTITA – CHAKRA DE LA GARGANTA

AMATISTA – CHAKRA DEL TERCER OJO

CUARZO TRANSPARENTE – CHAKRA DE LA CORONA

2. Respira profundamente, inhalando por la nariz y exhalando por la boca.

3. Visualiza cómo entra energía en tu chakra corona a través del cuarzo transparente. Ahora visualiza cómo la energía va de un cristal al siguiente a través de cada uno de los chakras, sintiendo que la energía de los cristales equilibra cada chakra a medida que avanza.

4. Cuando hayas llegado al chakra raíz, visualiza cómo la energía sube y baja a través de los chakras de cristal en cristal y se desplaza libremente. Mientras haces esto, repite estas palabras a modo de mantra: «Mi sistema inmunitario está sano, equilibrado y fuerte». Cuando hayas acabado, abre los ojos.

Meditación «Yo soy la luz»

Esta meditación, que dura unos quince minutos, está diseñada para ayudar a llevar energía y luz a todas las partes del cuerpo, lo que puede ser extremadamente útil si se padece una afección autoinmune. Puedes usar el texto que sigue o escucharlo (en inglés) en mi sitio web (consulta el apartado «Recursos», página 183).

1. Siéntate o recuéstate cómodamente. Cierra los ojos y respira profundo, inhalando por la nariz y exhalando por la boca.

2. Manteniéndote enfocado en la respiración, observa que el aire que estás respirando es luz. Visualiza que respiras profundamente una luz dorada o blanca; la incorporas por la nariz y la expulsas por la boca.

3. Mientras inhalas la luz, mira cómo recorre las fosas nasales y llega a los pulmones. Tu pecho y tus pulmones se llenan de luz.

4. Ahora, pasa a enfocarte en el chakra de la corona, que está justo encima de la parte superior de la cabeza. Observa cómo se abre y siente cómo entra luz blanca a través de él, desciende en remolino a través del chakra del tercer ojo y llena toda tu cabeza. Si abrieras los ojos o la boca en este momento, la luz saldría de ellos y llenaría el espacio que te rodea. Visualiza que miras y escuchas el mundo a través de tus nuevos ojos y oídos de luz, y observa que todo

lo que ves y oyes es luz que está conformando las imágenes, colores, formas y sonidos que reconoces en tu vida diaria.

5. Obsérvate abriendo la boca y contempla cómo la luz sale por ella. Toma conciencia de que, cuando hablas, todo lo que dices es de luz y está lleno de luz. Todo lo que metes en tu boca (todo lo que bebes, masticas y tragas) es luz que nutre y llena todo tu cuerpo.

6. Mientras la luz llena tu cabeza y emana desde ahí en todas direcciones, observa que ahora fluye hacia abajo, de tal manera que llena tu garganta y pasa fácilmente a través del chakra presente en esta parte del cuerpo. La luz llena tus cuerdas vocales y transporta tu voz cuando hablas, cantas o suspiras.

7. Ahora, la luz sigue descendiendo y llega a tus hombros. Observa cómo el flujo de luz baja por tus dos brazos y pasa por los codos y los antebrazos, hasta llegar a las manos y los dedos. La luz emana de las manos y los dedos. Con cada movimiento de tus extremidades superiores, emites luz, la cual fluye fácilmente y sin problemas, llenando el espacio que te rodea. Cuando levantas las manos y tocas los objetos que hay a tu alrededor, no solo estás emitiendo luz, sino que, además, todo lo que tocas, palpas, golpeas suavemente y acaricias también es luz.

8. Vuelve a llevar la atención a los hombros y observa la corriente de luz que desciende a través de estos hasta el pecho y la parte superior de la espalda. La luz fluye hacia el interior de tu corazón y lo llena. Al latir, tu corazón empuja la luz a través de todos los vasos sanguíneos de tu cuerpo. Ahora, la luz está circulando por tus venas.

9. Observa cómo la luz desciende desde tu corazón; fluye fácilmente a través del chakra de este órgano y se expande por la caja torácica, sigue descendiendo a través del chakra del plexo solar y llega al abdomen. Llena la cavidad abdominal y se desplaza fácilmente a través del chakra del plexo solar y el sacro; llena todo el torso, se expande hasta el chakra raíz y pasa a través de este.

10. Observa cómo la luz se desplaza hasta tus nalgas, caderas y muslos ahora; baja sin problemas a través de las rodillas y llega a la parte inferior de las piernas y a los tobillos, pies y dedos de los pies. Fluye desde la planta hacia la tierra y desde los dedos hacia el universo. Cada célula de tu cuerpo es luz ahora; da luz y recibe luz.

11. Toma conciencia de tu entorno: los sonidos, los olores, el contacto con la superficie sobre la que estás sentado o recostado. Advierte que todo esto es luz también. Al moverte eres luz que se mueve a través de la luz, respiras luz y tocas luz.

12. Cuando estés listo, vuelve a enfocarte en la respiración. Observa que mientras inhalas y exhalas la luz fluye libremente hacia ti, desde ti y a través de ti. Cuando estés preparado, abre los ojos y ve por la vida siendo luz.

Guía rápida de herramientas de sanación energética para los chakras

Chakra raíz

(chakra base o muladhara)

COLOR: ROJO

MANTRA: *LAM*

NOTA: DO O DO#*

FRECUENCIA *SOLFEGGIO:* 396 HZ

ASPECTOS EMOCIONALES Y ESPIRITUALES

- Abandono.
- Conexión.
- Conexión a tierra.

- Defenderse por sí mismo.
- Lealtad y confianza.

---

* N. del T.: La almohadilla (#) es el símbolo para indicar «sostenido».

- Lugar en la familia o la comunidad.
- Seguridad y protección.
- Unidad/Todos somos uno.
- Verdad.

PROBLEMAS A NIVEL FÍSICO

- Adicciones.
- Ciática.
- Coxis.
- Depresión.
- Dolor lumbar.
- Hemorroides.
- Intestinos.
- Piernas, pies, tobillos, rodillas.
- Problemas en el recto.
- Sistema inmunitario.
- Venas varicosas.

CRISTALES

Cristales o cristales magnéticos rojos o negros.

- Azabache.
- Granate.
- Hematita.
- Obsidiana.
- Piedra imán.
- Rubí.
- Turmalina negra.

ACEITES ESENCIALES

- Canela.
- Geranio.
- Jengibre.
- Mirra.
- Nuez moscada.
- Pachulí.
- Vetiver.

Chakra sacro

(chakra del bazo* o svadisthana)

COLOR: NARANJA

MANTRA: *VAM*

NOTA: RE O RE#

FRECUENCIA *SOLFEGGIO***: 417 HZ**

ASPECTOS EMOCIONALES Y ESPIRITUALES

- Control.
- Creatividad.
- Finanzas y prosperidad.
- Poder personal.
- Relaciones.
- Sexualidad.

PROBLEMAS A NIVEL FÍSICO

- Adicciones.
- Apéndice.
- Caderas.
- Disfunciones sexuales.
- Estreñimiento y diarrea.
- Intestinos.
- Órganos sexuales.
- Vejiga.
- Zona pélvica.

CRISTALES

Cristales de color naranja o marrón.

- Ámbar.
- Calcita naranja.

---

* N. del T.: No confundir con un chakra distinto de los siete principales denominado también *chakra del bazo* que está ubicado en este órgano.

- Citrino.
- Cobre.
- Cornalina.
- Cuarzo ahumado.
- Piedra de luna melocotón.
- Venturina naranja.

ACEITES ESENCIALES

- Bergamota.
- Geranio.
- Madera de cedro.
- Mandarina.
- Naranja.
- Salvia romana (*Salvia sclarea*).
- Sándalo.
- *Ylang-ylang.*

Chakra del plexo solar

(chakra del ombligo o manipura)

COLOR: AMARILLO/ORO

MANTRA: *RAM*

NOTA: MI

FRECUENCIA *SOLFEGGIO*: 528 HZ

ASPECTOS EMOCIONALES Y ESPIRITUALES

- Autoestima.
- Funcionamiento en grupo.
- Honor de comunidad o grupo.
- Ley y orden.
- Límites.
- Normas sociales.
- Personalidad.
- Pertenencia.
- Seguridad del grupo.
- Sensación del yo de estar separado de los demás.

PROBLEMAS A NIVEL FÍSICO

- Apéndice xifoides.
- Bazo.
- Caja torácica.
- Diabetes.
- Estómago.
- Glándulas suprarrenales.
- Hígado.
- Órganos abdominales.
- Parte media de la espalda.
- Reflujo gástrico.
- Riñones.
- Trastornos alimentarios.
- Úlceras.
- Vesícula biliar.

CRISTALES

Cristales de color amarillo o dorado

- Ámbar.
- Bismuto.
- Citrino.
- Heliotropo.
- Ojo de tigre amarillo.
- Oro.
- Pirita.

ACEITES ESENCIALES

- Árbol de té.
- Hierba limón (*lemongrass*).
- Incienso.
- Limón.
- Manzanilla romana.

Chakra del corazón
(anahata)

COLOR: VERDE

MANTRA: *YAM*

NOTA: FA O FA#

FRECUENCIA *SOLFEGGIO*: **639 HZ**

ASPECTOS EMOCIONALES Y ESPIRITUALES

- Amargura.
- Amor.
- Duelo, aflicción.
- Egocentrismo.
- Equilibrio.
- Fuerza.
- Ira.
- Miedo a la soledad.
- Perdón.
- Puente entre lo físico y lo etérico.
- Salud.

PROBLEMAS A NIVEL FÍSICO

- Afecciones de los senos.
- Caja torácica.
- Circulación.
- Corazón.
- Esternón.
- Glándula timo.
- Hombros, brazos y manos.
- Parte media de la espalda.
- Pulmones.
- Respiración.
- Vasos sanguíneos.

CRISTALES
Cristales de color verde o rosa.

- Ágata musgo.
- Amazonita.

- Aventurina.
- Aventurina verde.
- Calcita verde.
- Cianita verde.
- Cuarzo rosa.

- Esmeralda.
- Jade.
- Malaquita.
- Peridoto.
- Turmalina verde.

ACEITES ESENCIALES

- Ciprés.
- Geranio.
- Jazmín.
- Lavanda.

- Neroli.
- Rosa.
- Rosa *otto*.
- *Ylang-ylang*.

Chakra de la garganta

(vishuddha)

COLOR: AZUL

MANTRA: *HAM*

NOTA: SOL O SOL#

FRECUENCIA *SOLFEGGIO*: **741 HZ**

ASPECTOS EMOCIONALES Y ESPIRITUALES

- Expresión creativa.
- Expresión personal.
- Hacerse oír.
- Integridad.
- Perseguir los propios sueños.
- Rendirse a la voluntad divina.
- Verdad.

PROBLEMAS A NIVEL FÍSICO

- Boca.
- Cuello.
- Dientes.
- Encías.
- Esófago.
- Garganta.
- Glándulas tiroides y paratiroides.
- Mandíbula.
- Oídos.
- Parte superior del pecho.

CRISTALES

Cristales de color azul.

- Ágata de encaje azul.
- Aguamarina.
- Angelita.
- Calcedonia.
- Celestita.
- Cianita azul.

- Ojo de tigre azul.
- Topacio azul.
- Turquesa.
- Zafiro.

ACEITES ESENCIALES

- Eucalipto.
- Geranio.
- Hinojo.
- Jazmín.
- Jengibre.
- Laurel.
- Lavanda.
- Manzanilla.
- Menta.

Chakra del tercer ojo

(chakra pineal o ajna)

COLOR: ÍNDIGO/VIOLETA

MANTRA: *AUM*

NOTA: LA O LA#

FRECUENCIA *SOLFEGGIO*: 852 HZ

ASPECTOS EMOCIONALES Y ESPIRITUALES

- Aprender de la experiencia.
- Capacidades psíquicas.
- Evaluación de las actitudes.
- Evaluación de las creencias.
- Intelecto.
- Inteligencia emocional.
- Intuición.
- Mente abierta.
- Pensamiento crítico.
- Razonamiento.
- Salud mental.

PROBLEMAS A NIVEL FÍSICO

- Cabeza.
- Cerebro.
- Dolores de cabeza.
- Glándula pineal.
- Glándula pituitaria.
- Nervios.
- Ojos.
- Pesadillas.
- Problemas oculares y en los senos nasales.
- Problemas para dormir.

CRISTALES

Cristales de color índigo o violeta.

- Amatista.
- Calcedonia.
- Charoita.
- Cianita azul.
- Iolita.

- Kunzita.
- Labradorita.
- Sugilita.
- Tanzanita.

ACEITES ESENCIALES

- Enebro.
- Incienso.
- Laurel.
- Lavanda.
- Menta.
- Mirra.

- Romero.
- Salvia romana (*Salvia sclarea*).
- Sándalo.
- Vetiver.

Chakra de la corona

(sahasrara)

COLOR: BLANCO O VIOLETA

MANTRA: NINGUNO - SILENCIO

NOTA: SI

FRECUENCIA *SOLFEGGIO*: 963 HZ

ASPECTOS EMOCIONALES Y ESPIRITUALES

- Altruismo.
- Compasión.
- Comunicación con el yo superior.
- Comunicación con seres superiores.
- Conexión con el espíritu.
- Confianza universal.
- Divinidad.
- Entender quiénes somos.
- Espiritualidad.
- Ética y valores.
- Recorrer un camino espiritual.

PROBLEMAS A NIVEL FÍSICO

- Huesos.
- Músculos.
- Piel.
- Trastornos y enfermedades sistémicos.

CRISTALES

Cristales transparentes, blancos o de color violeta.

- Amatista.
- Apofilita.
- Cuarzo transparente.
- Fenaquita.
- Goshenita.
- Morganita.

- Petalita.
- Piedra de luna.

- Selenita.

ACEITES ESENCIALES

- Helicriso.
- Incienso.
- Jazmín.
- Lavanda.
- Neroli.

- Palo de rosa.
- Rosa.
- Rosa *otto*.
- Sándalo.
- Vetiver.

Recursos

Aplicaciones (*apps*)

CHAKRAS

Chakra Tuner, por Jonathan Goldman, Healing Sounds (Apple App Store).
Chakra Sound, por Self Healing (Google Play).

CONTROL DEL DOLOR

Pain Killer 2.0, por Brian Zeleniak (Apple App Store).
Pain Relief 2.0, por Brian Zeleniak (Google Play).

FRECUENCIAS *SOLFEGGIO*

Solfeggio Sonic Meditations, por Diviniti Publishing Ltd. (Apple App Store).
Solfeggio Frequencies, por MediApps (Google Play).

PULSOS BINAURALES

BrainWave 35 Binaural Series, por Banzai Labs (Apple App Store).

Brain Waves Binaural Beats, por MynioTech Apps (Google Play).

SANACIÓN POR MEDIO DEL SONIDO

Gong Bath, Gong Sounds with Meditation Timer for Yoga Healing Therapy, por Rehegoo (Apple App Store).

Gong Sounds, por Leafgreen (Google Play).

Documentales

Heal, dirigido y escrito por Kelly Noonan. Elevative Entertainment, 2017.

The Healing Field: Exploring Energy and Consciousness, dirigido por Penny Price. Penny Price Media, 2016.

El Secreto, dirigido por Drew Heriot. TS Production LLC, 2006.

¿¡Y tú qué sabes!?, dirigido por William Arntz, Betsy Chasse y Mark Vicente. Gravitas Ventures, 2004.

Libros

SOBRE CRISTALES

Frazier, Karen (2020). *Cristales. Guía práctica. Manual fácil para descubrir el poder curativo de los cristales*. Málaga, España: Sirio.

____ (2019). *The Crystal Alchemist: A Comprehensive Guide to Unlocking the Transformative Power of Gems and Stones*. Reveal Press.

___ (2015). *Crystals for Healing: The Complete Reference Guide with Over 200 Remedies for Mind, Heart, and Soul*. Althea Press.

SOBRE EL SIGNIFICADO DE LOS SUEÑOS

Frazier, Karen (2017). *Dark of Night in the Light of Day: The Art of Interpreting Your Dreams*. Afterlife Publishing.

Lennox, Michael (2015). *Llewellyn's Complete Dictionary of Dreams: Over 1,000 Dream Symbols and Their Universal Meanings*. Llewellyn Publications.

SOBRE ENERGÍA

Hicks, Esther y Jerry (2007). *La ley de la atracción. El secreto que hará realidad todos tus deseos*. Barcelona, España: Urano.

McTaggart, Lynne. (2013). *El campo: en busca de la fuerza secreta que mueve el universo*. 4.ª edición. Málaga, España: Sirio.

SOBRE MEDITACIÓN, ATENCIÓN PLENA (*MINDFULNESS*) Y AUTOCONCIENCIA

Katie, Byron y Stephen Mitchell (2008). *Amar lo que es. Cuatro preguntas que pueden cambiar tu vida*. Barcelona, España: Urano.

Harris, Dan; Warren, Jeffrey; Adler, Carlye. (2017). *Meditation for Fidgety Skeptics: A 10% Happier How-to Book*. Spiegel & Grau.

Thich Nhat Hanh. (2019). *El milagro de mindfulness. Una introducción a la práctica de la meditación*. Barcelona, España: Planeta.

Tolle, Eckhart. *El poder del ahora: una guía para la iluminación espiritual*. 6.ª edición. Móstoles (Madrid), España: Gaia.

SOBRE SANACIÓN ENERGÉTICA

Dispenza, Joe (2014). *El placebo eres tú. Descubre el poder de tu mente*. 9.ª edición. Barcelona, España: Urano.

Eden, Donna; Feinstein, David. (2011). *Medicina energética. El equilibrio energético del cuerpo para una excelente salud, alegría y vitalidad*. Barcelona, España: Obelisco.

Frazier, Karen (2017). *Higher Vibes Toolbox: Vibrational Healing for an Empowered Life*. Afterlife Publishing.

____ (2018). *Reiki Healing for Beginners: The Practical Guide with Remedies for 100+ Ailments*. Althea Press.

Gordon, Richard (2012). *El toque cuántico: el poder de curar*. 3.ª edición. Málaga, España: Sirio.

Myss, Caroline (2019). *Anatomía del espíritu. Un nuevo camino para la salud física y espiritual*. España: B de Bolsillo (Ediciones B).

SOBRE SANACIÓN POR MEDIO DEL SONIDO

Goldman, Jonathan; Goldman, Andi. (2018). *El efecto del tarareo. La sanación con sonido para la salud y la felicidad*. España: Edaf.

Mandle, Diáne (2018). *Ancient Sounds for a New Age: An Introduction to Himalayan Sacred Sound Instruments*. Top Reads Publishing.

Shrestha, Suren (2018). *How to Heal with Singing Bowls: Traditional Tibetan Healing Methods*. Sentient Publications.

Tenzin Wangyal Rinpoche (2011). *Tibetan Sound Healing: Seven Guided Practices to Clear Obstacles, Cultivate Positive Qualities, and Uncover Your Inherent Wisdom*. Sounds True.

Sitios web

ACEITES ESENCIALES

doTerra.com

EdensGarden.com

MountainRoseHerbs.com

CUENCOS CANTORES

Bodhisattva Trading Co., Inc. Cuencos tibetanos: Bodhisattva-Store.com/listings/

Crystal Tones: CrystalSingingBowls.com

iSingingBowls.com

INFORMACIÓN SOBRE LA TÉCNICA DE LIBERACIÓN EMOCIONAL

EmoFree.com

UnseenTherapist.com

MEDITACIÓN GUIADA

«I Am Light». Meditación y visualización guiada, 2018.
www.authorkarenfrazier.com/blog/i-am-light-gui-
ded-meditation-and-visualization

SIGNIFICADO DE LOS SUEÑOS

DreamMoods.com

TIENDAS DE CRISTALES

BestCrystals.com
HealingCrystals.com

Referencias

Benson, Kia. «Essential Oils and Cats». *Pet Poison Helpline*. Consultado el 15 de abril de 2019. http://www.pet-poisonhelpline.com/blog/essential-oils-cats/.

Burgin, Timothy. «History of Yoga». *Yoga Basics*. Consultado el 15 de abril de 2019. http://www.yogabasics.com/learn/history-of-yoga/.

Gupta, Usha y Menka Verma. (enero-marzo de 2013). «Placebo in Clinical Trials». *Perspectives in Clinical Research*, 4 (1), 49-52. DOI: 10.4103/2229-3485.106383.

Hanegraaff, W. J., Antoine Faivre, Roelof van den Broek y Jean-Pierre Brach, eds. (2005). *Dictionary of Gnosis and Western Esotericism*. Boston, EUA: Brill.

HealthCMi (31 de marzo de 2019). «Acupuncture Reduces Post-Stroke Depression, Restores Function». *Healthcare Medicine Institute News*. Consultado el 15 de abril de 2019. http://www.healthcmi.com/acu-puncture-continuing-education-news.

Mandal, Ananya. «Acupuncture History». *Medical Life Sciences News*. Modificado por última vez el 26 de febrero de 2019. Consultado el 15 de abril de 2019. http://www.news-medical.net/health/Acupuncture-History.aspx.

Qingyong, He, Ji Zhang y Yuxiu Tang (septiembre de 2007). «A Controlled Study on Treatment of Mental Depression by Acupuncture Plus TCM Medication». *Journal of Traditional Chinese Medicine*, 27 (3), 166-169. http://www.ncbi.nlm.nih.gov/pubmed/17955648.

Ramírez, Jonatan Peña, Luis Alberto Olvera, Henk Nijmeijer y Joaquín Álvarez (29 de marzo de 2016). «The Sympathy of Two Pendulum Clocks: Beyond Huygens' Observations». *Scientific Reports*. Consultado el 15 de abril de 2019. DOI: 10.1038/srep23580.

Röschke, J., Ch. Wolf, M. J. Müller, P. Wagner, K. Mann, M. Grözinger y S. Bech (enero-marzo de 2000). «The Benefit from Whole Body Acupuncture in Major Depression». *Journal of Affective Disorders*, 57 (1-3), 73-81. DOI: 10.1016/S0165-0327(99)00061-0.

Sun, Zhi-Kun, Hong-Qi Yang y Sheng-Di Chen (febrero de 2013). «Traditional Chinese Medicine: A Promising Candidate for the Treatment of Alzheimer's Disease». *Translational Neurodegeneration*, 2 (6). DOI: 10.1186/2047-9158-2-6.

Toney, Chelsey M., Kenneth E. Games, Zachary K. Winkelmann y Lindsey E. Eberman (junio de 2016). «Using Tuning-Fork Tests in Diagnosing Fractures».

Journal of Athletic Training, 51 (6), 498-99. DOI: 10.4085/1062-6050-51.7.06.

University College London. «Science of Habits». *UCL Healthy Habits*. Consultado el 15 de abril de 2019. http://www.ucl.ac.uk/healthy-habits/science-of-habits.

Violatti, Cristian (4 de mayo de 2014). «Upanishads». *Ancient History Encyclopedia*. Consultado el 15 de abril de 2019. http://www.ancient.eu/Upanishads/.

Índice temático

A

Abundancia 156
Aceite esencial
  aerosol para la paz 150
  de geranio 110
  de lavanda 118, 128, 133, 151, 162
  de limón 112, 138
  de naranja 110, 112, 114, 138
  de rosa otto 113, 116, 120, 121, 123
  de sándalo 89, 114, 116, 128, 133, 151
  mezcla para el amor 116, 117
  mezcla para la aflicción 138
  mezcla para masajes que fomenta la alegría 112
Acupresión 47, 71
Acupuntura 21, 28, 47, 71
Afirmación
  de liberación de la aflicción 140
  para el amor 117
  para fortalecer el sistema inmunitario 161
  para potenciar la confianza 126
  y Tapping 125
Aflicción 37, 47, 50, 80, 138, 139, 140, 175
Agua 21, 22, 29, 30, 40, 44, 63, 64, 71, 87, 90, 91, 100, 110, 113, 114, 118, 120, 121, 133, 138, 146, 147, 151, 159, 161, 162

Aire 22, 29, 30, 40, 42, 43, 64, 71, 87, 112, 122, 127, 164
Ajuste de los chakras 76
Alegría 50, 56, 87, 111, 112, 117, 186
Amatista 81, 82, 83, 118, 129, 132, 134, 148
Ámbar báltico 134
Amor
  a uno mismo 113
  propio 50, 113
Anclaje 96, 103, 106, 108, 135, 137, 153
Ánimo positivo 111
Ansiedad 42, 47, 67, 118, 119
Apegos 120, 121
Aplicaciones (apps) 183
Aromaterapia 15, 85, 86, 99, 132, 134
Arrastre 26, 28, 78, 79
Aura 39
Ayurveda 21, 30

B

Bandler, Richard 96
Baños de sonido 77

C

Celestita 82, 125, 146, 150, 161, 178

Chakra de la corona
aceites esenciales 182
aspectos emocionales y espirituales 181
cristales 181
frecuencia solfeggio 77
mantra bija 73
problemas a nivel físico 181
Chakra de la garganta
aceites esenciales 178
aspectos emocionales y espirituales 177
cristales 177
frecuencia solfeggio 77
mantra bija 73
problemas a nivel físico 177
Chakra del corazón
aceites esenciales 176
aspectos emocionales y espirituales 175
cristales 175
frecuencia solfeggio 77
mantra bija 73
problemas a nivel físico 175
Chakra del plexo solar
aceites esenciales 174
aspectos emocionales y espirituales 173
cristales 174
frecuencia solfeggio 77
mantra bija 72
problemas a nivel físico 173
Chakra del tercer ojo
aceites esenciales 180
aspectos emocionales y espirituales 179
cristales 179
frecuencia solfeggio 77
mantra bija 73
problemas a nivel físico 179
Chakra raíz
aceites esenciales 170
aspectos emocionales y espirituales 169
cristales 170
frecuencia solfeggio 77
mantra bija 72
problemas a nivel físico 170

Chakra sacro
aceites esenciales 172
aspectos emocionales y espirituales 171
cristales 171
frecuencia solfeggio 77
mantra bija 72
problemas a nivel físico 171
Chi 21, 47
Citrino 81, 82, 146, 156, 172, 174
Compasión 77, 82, 88, 123, 124
Conexión a tierra 41, 50, 59, 87
Confianza 38, 50, 88, 90, 125, 126, 169
Cornalina 81, 109, 113, 149, 172
Craig, Gary 67
Crecimiento espiritual 88, 127
Cristales, limpiar los 85
Cuarzo
rosa 82
transparente 83
Cuencos cantores (vibrantes) 73, 75, 142
cuencos de metal 75
de cristal 75
ritual para el perdón 154
Cuerpo energético 31, 32

D

Desequilibrio(s) 16, 20, 21, 23, 26, 29, 30, 31, 32, 34, 35, 36, 37, 38, 51, 52, 57, 108, 109, 116, 118, 156, 158
Dictionary of Gnosis and Western Esotericism 39, 189
Dolor
agudo 130
crónico 132, 134, 135
Duelo 138, 139, 175

E

Elixir
de la gratitud 146
para el plexo solar y el corazón 113
para la salud con un cuarzo transparente 159

Energía(s)
elementales 29, 40, 67, 71, 142
equilibrar la 142
física 21, 23, 55
Equilibrar
la energía 15, 23, 52, 71
los chakras 143
Éter 22, 30, 40, 41, 71
Ética 38

F

Feng shui 86, 156, 201
Frecuencias solfeggio 76
Fuego 21, 22, 30, 40, 43, 44, 71

G

Garrotazo universal 30
Gratitud 52, 56, 117, 141, 145, 146
Grinder, John 96

H

Hábitos 56, 93, 148, 149
HealthCMi 189
Huygens, Christiaan 28

I

Intención 52, 54, 55, 58, 59, 60, 61, 71, 79, 95, 97, 107, 108

J

Jesús 22
Journal of Affective Disorders 28, 190

L

Limpieza de los chakras 162

M

Mano
dadora 104, 105, 106, 109, 130, 131, 153, 154
receptora 100, 104, 105, 106, 109, 131, 148, 154
Mantras bija 72, 73, 102, 105
Manzanilla romana 151
Medicina
complementaria 27
occidental 12, 22
tradicional china 28, 47
Meditación 13, 25, 52, 58, 59, 60, 61, 62, 63, 64, 88, 89, 94, 96, 98, 99, 100, 114, 115, 125, 129, 135, 139, 150, 152, 161, 164, 186
con la celestita 150
con sonido y el sutra metta para equilibrar el yin y el yang 142
con turmalina negra y celestita 125
de la risa 112
del chakra del corazón y el chakra raíz 139
del mudra anjali 127
del mudra ksepana 121
del mudra vajrapradama 114
en movimiento 62
para escuchar el dolor 135
para la paz 150
para potenciar los sueños 129
utilizando un mantra 61
Yo soy la luz 164
Mentalidad sanadora 56, 59
Meridianos 21, 47, 50, 51, 67, 71, 143
Miedo al abandono 35, 109, 110
Mindfulness para la prosperidad 157
Mudra
anjali 127, 128
de la sonrisa interior 111
ksepana 121
shuni 123
vajrapradama 114

P

Paz interior 88, 150
Perdón 50, 77, 80, 82, 88, 120,

139, 152, 153, 154, 175
Perturbación 16, 20, 23, 30, 51, 116
Placebos 58
PNL 96
Polos 29, 46, 47, 71
Práctica nia 112, 202
Prana 21, 22
Preocupación 43, 97, 118, 119
Programación neurolingüística (PNL) 96
Prosperidad 35, 47, 79, 81, 87, 95, 96, 97, 98, 156, 157, 171
Pulsos binaurales 77, 98, 100, 134

Q

Quantum-Touch® 70

R

Reflexología 71
Reiki 13, 14, 70, 202
Relaciones 29, 77, 116
Rendición 120
Responsabilidad 57
Ritual
    de sanación diario de cinco minutos 101
    de sanación diario de quince minutos 103
Rutinas 32, 52, 53, 70, 79, 93, 94, 108

S

Sales de Epsom 110, 118, 133, 162
Sanación 12, 13, 14, 15, 16, 17, 19, 20, 21, 22, 23, 24, 25, 26, 27, 28, 32, 34, 52, 53, 55, 56, 57, 58, 59, 61, 62, 64, 65, 66, 70, 71, 72, 73, 76, 77, 78, 79, 80, 85, 86, 87, 93, 94, 97, 98, 99, 100, 101, 102, 103, 105, 107, 108, 111, 113, 120, 132, 134, 138, 145, 150, 156, 161, 169, 186, 199, 201, 202

energética 12, 13, 14, 16, 17, 19, 21, 22, 23, 24, 26, 27, 28, 32, 34, 52, 53, 55, 57, 58, 59, 65, 72, 73, 79, 80, 87, 93, 94, 107, 108, 111, 120, 132, 138, 145, 156, 161, 169, 199, 201
    por medio del sonido 14, 15, 71, 100, 119, 134, 159, 201
    sanar a otras personas 65
    utilizando las manos 15
Sensación de carencia 157
Siete cristales para poseer 80
Síntomas 16, 19, 20, 22, 28, 30, 31, 158
Sistema de guía divino 30, 31, 52, 53
Sutra metta 142

T

Tapping
    para el abandono 110
    para el perdón 153
    para la ansiedad 119
    para romper hábitos 149
Técnica
    de la caricia 67
    de liberación emocional 67
    del rayo láser 130
    del toque 66
Terapia de polaridad 40, 71
Tierra 21, 22, 29, 30, 39, 40, 41, 45, 46, 50, 59, 64, 70, 71, 80, 87, 100, 101, 102, 104, 106, 120, 131, 139, 140, 166, 169
Toque
    cuántico 70, 186
    sanador 70
    simple 25, 66, 70
Translational Neurodegeneration 28, 190
Trastornos autoinmunes 132
Turmalina negra 81, 100, 109, 125, 130, 139, 161

V

Vibración 14, 21, 24, 25, 26, 27, 28, 29, 56, 71, 72, 78, 79, 86, 113, 116, 120, 123
Visualización
  del imán del amor 116
  guiada 61, 188
  para el perdón 152
  para integrar las propias sombras 115
  para la abundancia 156
Vocales 73, 74, 159, 160, 165

Y

Yang 21, 29, 46, 47, 49, 50, 142
Yin 21, 29, 46, 47, 48, 142
Yoga 22, 62, 127, 189

Agradecimientos

Estoy increíblemente agradecida por la oportunidad de escribir e instruir sobre una materia que amo y creo que puede ayudar a crecer, cambiar y sanar. Como le decía a mi amigo Seth Michael recientemente, si algo de lo que escribo o enseño es valioso para alguien, aunque sea para una sola persona, es razón suficiente para haberlo escrito o enseñado. Por eso os estoy agradecida a vosotros, mis lectores y alumnos; mostráis un gran coraje al dar pasos en el camino hacia la sanación intencional. Es un trabajo hermoso, significativo, potente y difícil, y todos vosotros sois guerreros en el mejor sentido de la palabra. Gracias.

Doy las gracias a mi directora de proyectos y editora en Callisto, Stacy Wagner-Kinnear, la primera persona que confió en mí para que escribiese un libro sobre sanación energética: *Crystals for Healing* [Cristales para sanar]. Con tu decisión contribuiste a que hiciese realidad uno de mis sueños, y continúas desempeñando un papel vital para mí en este sentido.

También estoy agradecida a mi marido, Jim, y a mis hijos, Tanner y Kevin, por su paciencia con el hecho de tener a una autora en la familia, lo cual hace que nos perdamos muchas comidas. Doy las gracias también a mi madre, Brenda, quien me mostró el año pasado, a raíz de la muerte de mi padre, el verdadero rostro del coraje y la bondad.

Asimismo, me gustaría dar las gracias a mi tribu. Kristen Gray y Kasci Lawrence me ayudaron a seguir adelante el año pasado, que fue increíblemente difícil, con el poder del amor, la risa y la amistad femenina. Y ha sido un placer trabajar e impartir enseñanzas con los miembros de Vision Collective: Sharon Lewis, Tristan Luciotti, Amy Castellano, Seth Michael, Jyl Straub, Jason y Carolyn Masuoka, Mackenna Long, Kristen Gray y Luis Navarrete. Estoy orgullosa de ser un miembro más.

Gracias, también, a todos mis maestros, tanto a los que quisieron enseñarme como a los que lo hicieron accidentalmente. Entre las mayores bendiciones de mi vida está el hecho de que nuestros caminos se cruzaron en algún punto y he aprendido de vosotros.

Y, finalmente, gracias a mi perra, Monkey. Ella cree que me ayuda cuando escribo. ¿Quién soy yo para llevarle la contraria?

Sobre la autora

Karen Frazier es autora especializada en metafísica, sanación con cristales, sanación energética, interpretación de los sueños y el ámbito paranormal. Como escritora profesional, también ha escrito varios libros por encargo y ha redactado cientos de artículos sobre diversos temas.

En la actualidad, Karen escribe dos columnas para la revista *Paranormal Underground*: «Dreams and Symbols» [Sueños y símbolos] y «Metaphysics and Energy Healing» [Metafísica y sanación energética]. También es la editora de las secciones «Paranormal» y «Horoscopes» de LoveToKnow.com y escribe artículos sobre *feng shui*, numerología, quiromancia, fenómenos psíquicos, fenómenos paranormales, adivinación y tarot para este sitio web. Imparte clases sobre sanación energética, sanación con cristales, sanación por medio del sonido, *feng shui* y energía de los espacios, I Ching y adivinación, interpretación de los sueños, *reiki*, desarrollo personal y desarrollo psíquico.

Karen, sanadora energética intuitiva, es maestra e instructora (*shinpiden*) de Usui Reiki Ryoho, maestra e instructora de *reiki* con cristales, maestra del *reiki* Karuna Ki, maestra del *reiki* Raku Kei y practicante certificada de Usui Reiki Ryoho en animales. Además, es ministra ordenada por el International Metaphysical Ministry ('ministerio internacional de metafísica'). Tiene una licenciatura en Ciencias Metafísicas (BMSc) y una maestría en Ciencias Metafísicas (MMSc), así como un doctorado en Parapsicología Metafísica. Actualmente está trabajando en una tesis doctoral centrada en el sonido como fuente de sanación espiritual para obtener su doctorado en Divinidad en el campo de la sanación espiritual. También es cinturón blanco de *nia* y miembro de la Asociación Internacional de Profesionales del Reiki. Asimismo, imparte clases en Vision Collective, un grupo de sanadores energéticos, médiums psíquicos y maestros espirituales del cual Karen es miembro fundador; este grupo ofrece cursos de temática metafísica en la zona de Portland, Oregón (Estados Unidos).

Más información en AuthorKarenFrazier.com

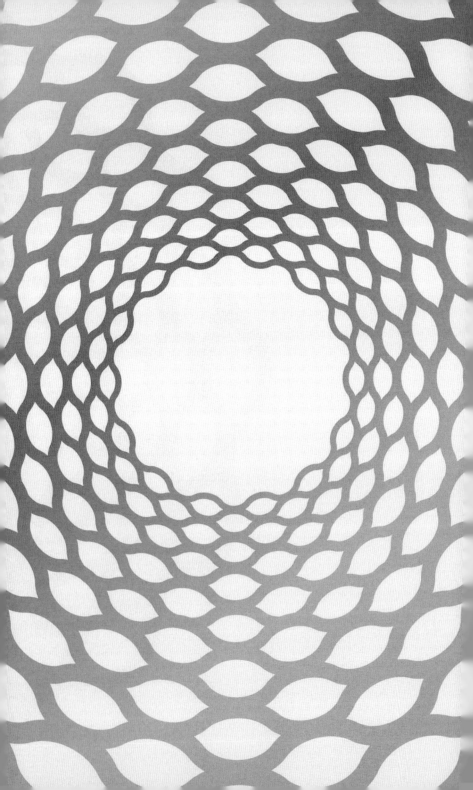